高校德育教育创新发展研究

徐　晖◎著

九州出版社
JIUZHOUPRESS

图书在版编目（CIP）数据

高校德育教育创新发展研究 / 徐晖著 . -- 北京 : 九州出版社，2023.10

ISBN 978-7-5225-2555-6

Ⅰ. ①高… Ⅱ. ①徐… Ⅲ. ①高等学校－德育工作－研究－中国 Ⅳ. ①G641

中国国家版本馆 CIP 数据核字（2024）第 033141 号

高校德育教育创新发展研究

作　　者　徐　晖　著
责任编辑　沧　桑
出版发行　九州出版社
地　　址　北京市西城区阜外大街甲 35 号（100037）
发行电话　(010) 68992190/3/5/6
网　　址　www.jiuzhoupress.com
印　　刷　北京四海锦诚印刷技术有限公司
开　　本　787 毫米 ×1092 毫米　16 开
印　　张　10.25
字　　数　211 千字
版　　次　2024 年 7 月第 1 版
印　　次　2024 年 7 月第 1 次印刷
书　　号　ISBN 978-7-5225-2555-6
定　　价　50.00 元

前　言

人需要德，才能完善自我、提升自我，社会需要德，社会发展和社会生活才能够正常进行。人没有德不会被社会所接纳，社会没有德便没有良好的秩序，也不会健康发展。德育无论对整个社会的发展，还是对学生个人的成长都具有显而易见的重要作用。“培养什么人，如何培养人”，是我国社会主义教育事业发展中必须解决好的根本问题。德育的基本功能在于育德，家庭和社会在培育人的德行中虽然起着重要作用，但不可否认，学校是德育工作的主渠道，承担着德育的主要任务。要把大学生培养成为建设中国特色社会主义所需要的德才兼备的人才，就必须发挥学校德育教育的功能。

大学生是国家宝贵的人才资源，是民族的希望、祖国的未来，要把青年学生培养成建设中国特色社会主义所需要的合格的建设者和接班人，就必须重视高校的德育工作，充分发挥高校德育工作的功能。引导大学生健康成长，促进大学生全面发展，是高校教育的共识和目标。高校不仅仅是培养专业人才的机构，更应该在传授知识与培养能力的同时，把育人提到应有的高度。在多元化市场经济条件下，学校更需要着力探讨可行的、有效的德育教育模式与方法，使学生在大学教育中既学知识，又学做人。

当前大学生的思想道德观念发生了很大的变化，呈现出新的特点，而他们的思想道德状况着实令人担忧，这也折射出我国高校德育工作中存在的一些不可忽视的问题。如何适应这种变化，研究新问题，把握新特点，提出德育工作的新策略，是高校德育工作者在理论和实践上要认真回答的重大课题。改革创新是时代发展进步的动力，在新形势、新情况、新特点面前，分析高校德育工作存在的问题以及加大提高高校德育工作的效率显得非常重要与紧迫。只有改革才能使我国高校德育工作高效开展。因此，本书围绕高校德育的创新进行了研究。

本书共有七章，从宏观到微观，紧紧围绕高校德育创新这个中心议题来展开。前两章从宏观角度进行展开，先分析了高校德育的理论问题，包括界定、本质、功能、载体等，然后分析了高校德育的体系构建，从对象、原则、过程等角度展开。从第三章开始，从微观角度对高校德育进行论述，主要包括方法、环境等内容，并结合学生创新才能等当前的热点问题进行分析。本书内容全面，逻辑合理，创新性强，适合高校德育学习者与工作者阅读。

本书在写作过程中参考了许多学术著作与学术论文，在此向其著作者表示由衷的感谢，同时对于本书中由于种种原因存在的缺陷与不足，也希望各位读者能够谅解，并提出宝贵意见。

目 录

第一章　高校德育教育的基本理论

德育教育是高校教育教学体系的重要组成部分，是高校学生综合素养形成的前提。随着社会的快速发展，高校德育教育面临着新的挑战，在此情况下，创新传统德育教育内容与形式成为现阶段高校德育教育工作的关键。本章主要围绕高校德育教育的基本理论展开分析。

第一节　对德育的认知

一、什么是德育

德育是各个社会共有的教育现象，具有社会性，与人类社会共始终。德育随着社会发展变化而发生变化，具有历史性。德育在阶级和民族存在的社会具有阶级性和民族性。在德育历史发展过程中，其原理、原则和内容方法等存在一定的共同性，因此德育具有继承性。德育是对学生进行思想、政治、道德和心理品质的教育。思想教育是帮助学生树立正确的世界观、人生观的教育；政治教育是培养学生一定的政治观念、信念和政治信仰的教育；道德教育即促进学生道德发展的教育。可以说，我国的德育是一种涵盖整个社会意识形态的“大德育”。然而，品德的发展，世界观、人生观的形成，政治觉悟的提高，是属于不同层面的问题，其过程机制相差甚大，不能以同样的手段、方法，通过同样的途径，遵循一样的原则来实施思想教育、政治教育和道德教育。

二、我国对德育的探索

在我国近代教育史上，曾用过“道德教育”和“训育”等概念，以示德育。而明确使用“德育”概念的，是西方资产阶级教育思想输入我国之后，我国著名教育家陶行知先生在《中国教育改造》一书中，谈到学生自治问题时说的“德育注重自治”。这里，他明确使用了“德育”的概念，并把它看成整个教学不可分割的组成部分。

中华人民共和国成立以来，在德育概念的表述上，有的按苏联教育学中的用法，用狭义教育表示德育；有的用我国思想政治工作的习惯用法，称德育为“思想政治教育”；有的说德育就是道德教育、政治立场和世界观教育。凡此等等，说法不一。当然，这些说法含义大体相同，但又各自有所侧重。在我们了解的这些德育说法中比较被认同的就是以下四种。

（一）第一种说法

广义的德育指所有有目的、有计划地对社会成员在政治思想与道德等方面施加影响的活动，包括社会德育、社区德育、学校德育和家庭德育等方面。狭义的德育专指学校德育。学校德育是指教育者按照一定的社会或阶级要求，有目的、有计划、有系统地对受教育者施加思想、政治和道德等方面的影响，并通过受教育者积极的认识、体验与践行，以使其形成一定社会与阶级所需要的品德的教育活动，即教育者有目的地培养受教育者品德的活动。

（二）第二种说法

德育就是教师有目的地培养学生品德的活动。对于德育范畴的具体理解与界定从不同的角度往往可以得出不同的结论。不同的德育定义是不同德育观的反映，对德育实践也会产生不同的影响。对德育概念具体理解的不同之处，主要集中在两个方面。一是德育的内容主要包括哪些；二是如何理解德育过程。

狭义的德育专指道德教育，亦即西方教育理论所讲的“moral education”。在我国，许多人并不赞成这一定义，认为德育应包含更多的内容。一种广义的德育概念解释为：与伦理学体系中的德育概念（专指道德教育）不同，教育学上的德育，则是相对于智育和美育来划分的，它的范围很广，包括培养学生的思想品质、政治品质和道德品质。另外还有更为广义的德育界定，认为德育除思想、政治、品德方面的教育之外，还应当包括法治教育、心理教育、性教育、青春期教育，甚至还应包括环境教育、预防艾滋病教育等。

（三）第三种说法

按照马克思主义的辩证唯物主义哲学观，凡是事物皆是矛盾体，矛盾有两个对立的方面构成。德育也由两个对立的方面构成：一方面是道德教育者（在学校是教师）；另一方面是道德学习者（在学校是学生）。这里，矛盾的主要方面是学生。所以，所谓德育，一方面对于学生来说，作为道德学习者，要主动地学习德育，是道德教育的主体，视道德学习为自己生命的一部分，道德好，人格崇高，生命幸福；道德不好，人格渺小，生命悲哀。另一方面对教师来说，教师是道德教育者，教师要为学生创造道德学习的环境和条件，促进学生由道德无知到道德有知，并且化为道德行为，形成正确的行为习惯、正确的价值取向、正确的行为选择。简言之，德育就是教师创造学生进行道德学习的环境和条件，促进学生良好行为习惯的养成。这就是德育的本质和内涵。

（四）第四种说法

我国古代把“教”字解释为“觉悟”，就是说“教”就是提高人的觉悟，即德育的意思。在古代的教育思想中，特别要求统治者善于教化民众，“得民心以治天下”。我国古代名著《学记》里说：“建国君民，教学为先。”“君子如欲化及成俗，其必由学乎。”孟子说：“善政不如教之得民也。善政民畏之，善教民爱之。善政得民财，善教得民心。”这里所讲的“教学”“教”“学”都是教化之意。我国“四书五经”中的《大学》里指出：“大学之道，在明明德，在亲民，在止于至善。”这里所讲的“大学之道”的“道”，即教育；而“明明德”“亲民”“至善”讲的都是德育的内容。因此，古人讲“道”，实质上讲的是德育。我国古代的教育家，虽还没有使用德育的概念，但都主张统治者对民众施以德育，以此作为统治人民的手段。

三、道德与德育的区别

道德是以善恶评价为标准，依靠社会舆论、传统习惯和内心信念的力量来调整人与人、人与社会、人与国家之间关系的意识形态和行为规范。道德属于社会范畴。

（一）道德类型与德育

道德是维持人类社会正常生活的基本行为规范。人类生活可以分为私人生活、社会生活、职业生活三个基本领域，调节这三个生活领域的道德规范分别是私德、公德和职业道德。私德是私人生活中的道德规范，指个人品德、修养、作风、习惯以及个人生活中处理爱情、家庭及邻里关系的道德规范；公德是国家及社会生活中的道德规范，也叫国民公德与社会公德；职业道德是职业生活中的道德规范。

从德育类型划分的角度来说，德育包括私德、公德和职业道德教育。私德教育即培养学生的私人生活的道德意识及行为习惯，如相互尊重、相互体谅、相互关心、诚实、忠诚、敬老爱幼等；公德教育即培养学生的国家与社会生活的道德意识和符合社会公德的行为习惯，如遵守社会公共秩序，注意公共卫生，爱护公共财物，保护环境，见义勇为，维护民族尊严和民族团结等；职业道德教育即培养学生职业生活的道德意识及合乎道德规范的行为习惯，如忠于职守，勤恳工作，廉洁奉公，团结合作等。

（二）道德层次与德育

公德、私德、职业道德均含三个层次的道德要求，即道德理想、道德原则、道德规则。德育包含理想、原则、规则层次的道德教育。

道德理想教育即运用道德倡议形式激励学生的高尚行为。道德理想是一种难以完全达到的境界，却给学生树立一个不断追求的终极目标，激励学生努力践行道德行为。

道德原则教育即运用道德指令或道德倡议指导学生的正确行为。道德原则是学校认为学生可以而且应当达到的要求，但在实施中具有一定的灵活性。它是指导学生行为的基本准则。道德规则教育即运用道德禁令或道德指令形式约束学生的不良行为。这是因为，道德规则是不可违反的最低限度要求，是必须执行的。其中肯定性规则起指导作用，否定性规则起约束作用。

（三）品德与德育

品德是一定的道德规范在个人思想和行为中表现出来的较为稳定的特点和倾向，是道德认知、道德情感、道德行为等构成的综合体。品德属于个体范畴。

道德认知是个体道德品质形成的基础；道德情感在道德品质形成过程中起着激发、选择和调控的作用；道德行为是在一定的道德意识、道德动机支配下所表现出来的行为举止，是衡量个体道德品质的重要依据。

从道德任务的角度说，德育包括发展学生的道德认识、陶冶学生的道德情感、培养学生的道德行为等三个相互联系的方面。

四、高校德育

（一）高校德育的概念

在德育概念梳理分析的基础上，“高校德育”的内涵理解起来就显得较为容易了。“大学生是宝贵的人才资源，是推动历史发展和社会前进的重要力量，是国家的未来、民族的希望。”[①] 高校德育是德育在高校这一特殊教育场域下，以大学生为主体实施对象的德育，是高校教育的重要组成部分。虽然在高校科研工作中高校德育更多地被纳入伦理学范畴内，多以“道德教育”为主进行研究，但是对其概念的理解和进行实际教育实践活动，高校和教育管理部门则多是在“大德育”的语境下进行的，不仅强调大学生的道德教育，同样把思想教育、政治教育等内容也列为高校德育的重要内容。21 世纪以来，在全球化、信息化和网络化特征日益明显的世界发展总体态势下，随着我国经济社会改革发展的不断深入，高校德育的内容比以往任何时候都更加丰富，高校德育特别是道德教育逐渐拓展到包括社会公德职业道德，家庭美德教育，市场经济条件下诚信、守法等公民道德教育，生态伦理教育，科技道德教育，网络道德教育等在内的经济和社会生活的各个领域，同时高校德育也在主体性德育、实践德育、德育社会化等新的德育理念的影响下更加注重人文关怀、时代诉求和实际效果，更加符合大学生思想道德教育的实际需要，更加符合国家培养“德才兼备”新型人才的目标要求，更加符合社会主义精神文明建设与发展的要求。

① 袁鹤平. 高校德育教育新论[J]. 中国成人教育，2007（19）：22-23.

（二）高校德育的研究意义

1. 加强高校德育研究是由高校德育的地位决定的

德育关系到培养什么样的人，是培养社会所需人才的重要手段，一直被高度重视，古今中外概莫能外。中国共产党历来都十分重视学校德育工作。十五大以后我们党和国家先后出台了《关于深化教育改革全面推进素质教育的决定》《公民道德建设实施纲要》《关于加强和改进新形势下大学生思想政治教育的意见》等一系列决议和文件，并多次召开加强高等学校思想政治工作的会议。这些都极大地推动了高校德育工作的发展，同时也是党和国家对高校德育工作高度重视和德育在教育工作中具有重要地位的体现。党的十七大以后，科学发展观成为马克思主义中国化理论创新的重要成果被写入《中国共产党党章》，也成为推进党和国家各项工作全面发展的重要指导思想。以人为本、全面发展的理念凸显了高校德育的重要性，高等教育不仅要培养技能型、知识型的人才以满足社会发展的需要，更要培养德、智、体、美、劳全面发展的人才，尤其是具有优秀品德的人才，以为坚持中国特色社会主义发展道路、实现中华民族伟大复兴培养合格的接班人和建设者。党的十七大报告提出："要全面贯彻党的教育方针，坚持育人为本、德育为先，实施素质教育，提高教育现代化水平，培养德智体美全面发展的社会主义建设者和接班人，办好人民满意的教育。""育人为本，德育为先"的理念和要求成为新时期加强学校思想政治教育和德育工作的重要思想动力，也成为高校德育工作的重要指导方针。由此可见，我们党和国家一直高度重视道德教育尤其是青少年学生的思想道德教育，对高校思想政治教育工作更是在不同时期都不断加以强调，这就要求我们必须对高校德育工作高度重视，认真落实教育方针和各项文件会议精神，把素质教育的理念和要求贯彻到高等教育的全过程，不断推进高校德育工作的理论研究和实践创新。

党的十九大报告指出，优先发展教育事业。建设教育强国是中华民族伟大复兴的基础工程，必须把教育事业放在优先位置，加快教育现代化，办好人民满意的教育。

2. 高校德育研究是进一步发挥高校德育价值功能的现实要求

高校德育从价值功能角度来说具有政治、经济、文化和育人等多方面的价值。首先，政治价值主要体现在高校德育强调德育的优先地位，突出对青年大学生政治立场、政治信念、政治辨别力和先进政治文化的教育，保证高等教育沿着正确的政治方向前进，促进高校培养出符合党和国家事业发展需要、德智体美全面发展的可靠建设者和合格接班人，推进社会主义改革发展和现代化建设顺利进行，为实现中华民族的伟大复兴提供强有力的思想政治保证。其次，经济价值则体现为高校德育对正确的世界观、人生观和价值观的引导和推崇，对个体利益和集体利益辩证关系的科学分析，对高等教育均衡发展的推动，尤其是对大学生综合素质的全面提升等方面。大学生在专业知识、专业技能不断提高的同时，综合素质尤其是道德素质、心理素质等得到综合全面协调发展，这必将为社会主义市场的经济快速健康发展提供充实可靠的人才资源，而数以万计的高素质劳动者和数以万计的专门性人才的出现，又将为把我国建设成为人力资源强国，为促进经济社会又好又快的发展提供有力支撑。再次，文化价值主要表现为高校德育作为选择、传播和发展文化成果的基本手段和途径，在优秀传统文化的传承与创新，在大学生民族精神的培育与增强，在社会主义核心价值观的弘扬与践行等方面都具有重要作用。高校德育，不仅可以直接使大学生的精神文化面貌发生深刻变化，而且可以进一步对全体社会成员的价值观念和道德行为形成示范和引领效益。最后，高校德育的育人价值主要体现为高校德育通过自身的教育功能在培养人、塑造人上具有的重要价值。高校德育不仅发展了个体的个性特征，而且促进个体发展与社会发展要求相适应、相融合，使大学生在道德情感、道德认知、道德态度、道德能力和道德行为以及思想、智慧、知识和心理等方面都获得发展，实现高等教育立德树人的重要使命。高校德育具有的以上几方面的价值功能，同样也决定了高校德育具有重要的地位，但是高校德育的价值功能的发挥和体现并不是自然发生的，必须经过高校德育理论与实践的不断发展，通过高校德育在具体的实践探索中总结经验，提升理论指导的实际水平，最终才能够增强德育实效、发挥德育功能。随着全球化的深入推进，随着我国经济社会结构的不断改革和调整，社会价值观和利益主体日益多样化，网络社会和网络道德日益呈现出新的发展特点，要进一步发挥高校德育的价值功能，必须对高校德育相关问题进行深入研究，优化高校德育体系，增强德育的实际效果。

3. 高校德育研究有利于促进高校德育现代化发展

中科院院士杨叔子先生曾说过：“一个国家，一个民族，如果没有现代科学、先进技术，一打就垮；如果没有优秀历史传统，没有民族人文精神，不打自垮。”由此可见，现代科技和民族传统对于一个国家的发展具有重要作用。德育既是传统的，又是现代的，因为德育离不开对传统道德思想、道德规范和德育理念、德育方法等的继承和发展，同样德育又必须面向世界、面向现代、面向未来，否则德育就如一棵大树既没有“根源”，又没有“枝叶”，放在怎样的环境中都难以存活，放在怎样的人群中都难免被最终遗弃。现代化是当今世界发展的基本趋势，也是世界各民族共同追求的发展目标。

现代化不仅内含着对经济、科技现代化的必然要求，同样也包括并越来越多地体现为文化、教育等多层面的现代化。特别是人的现代化，乃是现代化最终的价值目标，也是实现民族、国家和社会现代化的根本条件。在现代化的目标下和现代化的语境中，高校德育现代化成为高校德育发展的基本态势，也是高校德育走向科学、合理和有效的基本途径和表现方式。在高校德育研究中，德育的体系化、德育的法制化、德育的社会化、德育的实践化等方面的发展趋势和要求，最终还是要通过德育的现代化来全面实现和表现出来，因此德育现代化是我们高校德育发展的基本途径，也是高校德育本身发展的最终目标。然而必须指出，德育现代化同样不是一个自然而然的过程，而是需要多方面的努力和推动才能够实现，特别是需要高校德育紧跟时代步伐，不断实现自身的改革创新来实现。高校德育现代化必须在高校德育的目标、内容、方式方法和手段途径等多方面逐一逐步地实现现代化的基础上才能够实现，并且高校德育现代化怎样与经济社会现代化发展协同推进，怎样与人的全面发展相互促进，怎样通过教师队伍发展教育手段革新、教育理念创新和教育综合改革发展等来加以实现，这些都是摆在高校德育研究工作者面前的重要课题，深化高校德育研究必将促进对这些问题的进一步探索，找出更多问题、更多形式的解决途径，特别是随着网络媒体和新的科技日新月异地发展与普遍应用，高校德育可能的方式方法和先进的教育手段都是德育研究的重要内容，这些问题研究的成果和其他重大课题突破性的研究成果，必将为高校德育现代化发展提供新的理论支撑和实践指导。

（三）高校德育教育的重要性

大学时期是人生道德意识形成、发展和成熟的重要阶段，在这个时期形成的思想道德观念对人的影响颇大。因此，大学时期是培养大学生对德育教育的认识，使大学生道德认知形成、发展和成熟的重要阶段。高校德育教育对大学生的成长至关重要，正确的道德认知是处理好个人与他人、个人与社会之间关系的行为规范，以及实现自我完善的一种重要精神力量，更是提高人的精神境界、促进人的自我完善、推动人的全面发展的内在动力。由此可以看出，高校德育教育很重要。加强对大学生的思想道德教育，培养他们牢固树立社会主义荣辱观，对于他们成人、成才十分重要。

1. 德育教育保证个体培养的正确方向，促进个人全面发展

德育，即思想、政治、道德方面的教育，德育教育对保证个体培养的正确方向，促进个人全面发展起主导作用。目前，我国社会各界关于思想道德修养建设的呼声越来越高，当代的高校大学生作为高素质人才，不仅要具备高超的专业技能，而且应具备良好、全面的道德品质。思想政治教育在各级各类学校都要摆在重要地位，任何时候都不能放松和削弱。要说素质，思想政治素质是最重要的。不断培养学生和群众的爱国主义、集体主义、社会主义思想，这是素质教育的灵魂。思想政治教育和德育工作之所以重要，是因为它是一项塑造人的灵魂的工程，是教学生如何做人的工作。大学生德育教育是大学生形成良好道德品质的重要途径。一个人有什么样的道德行为，与他所受的德育教育分不开。一个人的大学阶段是培养其道德品质的最重要环节，无论在理论、实践还是在情感、心理上，大学生都非常容易接受正面的教育，大学阶段同时也是思想和行为定位的重要时段，这一阶段所接受的教育和文化熏染可以影响一个人一生的思想道德品质和价值取向。

近年来，中共中央提出构建社会主义和谐社会的伟大构想。和谐社会是指人与自然、人与社会、人与自身关系全面协调并在全社会范围内达到和谐融洽的社会状态。大学生是时代青年的佼佼者，走向社会后，他们的道德品质将直接影响整个社会的道德品质状况。对大学生加强德育教育并且提高其思想政治素质，已经不仅仅是党和国家的战略要求，也是培育我国社会主义事业的建设者和接班人的必然要求。当代大学生都成长于我国经济和社会的大变革时期，他们思想活动和心理状态的独立性、多变性、差异性非常明显，同时，在学习、生活、成长等方面他们面临着很多矛盾和困惑，很多大学生错误地认为就业

不顺利仅仅是知识掌握、个人能力、面试技巧的问题。其实，造成这种局面的还有一个重要原因，即其思想道德素质不符合用人单位的要求。因此，高校要加强对大学生及时、正确的德育引导，使当代大学生树立正确的世界观、人生观、道德观和价值观。

2. 高校实施素质教育应突出德育教育在素质教育中的首要地位

培养人才是大学的根本任务。大学教育担负着培养人才的重任，大学德育则担负着培养高品德、高素质人才的重任。大学教育是大学德育的基础，大学德育应融于大学教育，居教育之首，引领教育的方向。在中国，我们党的教育方针历来强调德育的意义和学生德、智、体、美、劳的全面发展，强调教育的德育方向。育人为本，德育为先，就是我们的首要理念。

21 世纪是培养高素质人才的新世纪，“真正理解素质教育的内涵和意义，在基础教育阶段实施素质教育，培养全面发展的创新型人才，优化全民族的素质结构已势在必行”①。德育教育在树立大学生正确的意识形态、形成以社会主义核心体系为价值观的过程中具有十分重要的作用。在素质教育中，德育起着决定性、主导性的作用。思想道德素质对于调动和发挥人们其他素质潜能，起着价值导向和调控作用，它决定着人的综合素质。所以说，以理想、信念、道德、世界观、人生观、价值观为主要内容的思想道德素质，是人的素质系统中最具影响力的要素，它关系到今后一个人的为人之道、处世之道。加强对大学生的德育教育，是培养高素质人才的需要。从人才培养的规律来看，大学生在校学习期间，是其世界观、人生观、价值观形成的关键时期，此时加强大学生德育，对于帮助他们树立正确的世界观、人生观、价值观具有决定性的意义，对于提高大学生识别和抵制错误思想倾向的能力，具有十分重要的作用。当今大学生容易受到互联网等新兴媒体的影响，缺乏社会实践经验，对网络等新闻媒体的一些报道不能正确理解和对待，往往容易产生偏见，从而影响自己的世界观、人生观和价值观，并可能出现政治信仰迷茫、思想信念糊涂、社会责任感缺乏、艰苦奋斗精神淡化、团结协作观念差等不良品质。从当今大学生的成长环境来看，也需要对大学生加强德育教育。

3. 德育教育能帮助学生成为国之栋梁

在大学阶段加强对大学生的德育教育，能使他们具备良好的思想道德品质，真正成为国家的栋梁之材。教育是民族振兴、社会进步的基石。人生下来就需要学习，接受各种各样的教育，学习和教育是伴随人的一生的。教育也是提高国民素质、促进人的全面发展的根本途径。德国教育家凯兴斯泰纳主张：“国家的教育制度只有一个目标，那就是造就公民。”坚持德育为先，不断推进素质教育，是教育改革发展的战略主题，也是贯彻党的教育方针的时代要求。学校的根本任务是培养人，以德育人既是培养人才的重要手段，也是培养人才的重要目的。德育工作始终要围绕解决学生“做什么人，走什么路，为什么学”的问题。高等学校是培养中国特色社会主义合格建设者和可靠接班人的重要“摇篮”，必

① 杨信超. 谈素质教育[J]. 科教导刊，2011（14）：30，41.

须重视德育，必须切实加强和改进大学生的思想政治教育工作。当今社会，我们既可喜地看到当代大学生在大是大非和重大灾害面前展现出良好的政治素质、强烈的爱国情怀和高尚的精神风貌，但同时也应该看到部分学生的思想观念、价值取向在市场经济的作用下出现了新变化，他们对一些重大问题还存在模糊甚至是错误的认识。因此，要加强对大学生的德育教育，让他们具备良好的思想道德品质，成为国家的人才。总之，高校必须始终保持清醒的头脑，以提升德育教育质量为重要途径，克服多方面因素形成的新挑战和新问题，更好地帮助学生健康成长和成才。

我们常常把学校教育分为德育、智育、体育等几个主要方面。在学校教育中，智育重在对人智力的开发，这是培养创新人才才智的主要手段，它主要是通过课堂教学来实现的。德育是政治教育、思想教育和品德教育的集合，现在也有人把心理健康教育归为德育。长期以来，学校教育总是人为地把德育与其他教育割裂开来，把德育当作学校分工中的一个门类，总是把“教学”放在一切工作的中心地位，这种“教学崇拜”有不断加强的趋势，使学生才智因素的培养有了观念和行动上的保障。但在此情况下，学生非才智因素的培养工作就会弱化，这是必须解决的问题，加强德育就是为了应对这一问题。事实上，德育属于教育目的的范畴，它不是学校的一种工作，而是学校一切工作的归宿，是学校一切工作的最终目的之一。因此，在培养创新人才的过程中，要把德育渗透到各种教育中，使其相互联系、密切协调，实现共同育人的目的。

塑造人类的精神和铸造人的灵魂是时代赋予教育的重要任务。不少人往往有这样一种思想误区，即把学生道德的有无局限在对人的意志与行为是否有限制与防范上，将道德教育变为空洞的说教和粗暴的灌输。这种观点通过强硬的纪律约束、严密的管理程序、量化的评价手段和无情的惩戒措施，严格地控制了学生的道德行为和道德成长，无视人的价值内涵和精神品性，把本应温情脉脉的道德教育变为琐碎的行为训练和消极防范。

毋庸置疑，信息时代对人的要求之高是前所未有的，道德的社会作用之大是前所未有的，道德教育的紧迫也是前所未有的。人的全面发展首先是德育的发展，因此学校教育不能少了德育。

学校德育是个系统工程，主要体现在内容和实施途径上。就内容来说，学校德育应该包括爱党、爱国、爱人民、爱劳动、爱科学、勤奋学习、遵纪守法、心理健康等各个方面；就实施途径而言，学校德育是以专门的思想品德课为主，各学科渗透，充分利用校内团队、各种群体组织和集会、节日庆典、升降旗仪式、晨会和课外活动等形式落实的。

实施素质教育首先是思想观念的转变，而思想观念转变的一个重要途径就是在实施素质教育的过程中进行德育渗透，充分利用素质教育的主阵地——课堂，对实施素质教育的主体——学生，进行思想渗透。如何加强高校各学科的德育渗透，是当前教育改革亟须解决的重要课题。

在全社会普遍重视加强和改进大学生思想道德建设的大氛围下，学校作为专职教育单位，“把德育放在学校一切工作的首位”已是共识。加强对学生进行政治教育、思想教育、道德教育、法纪教育和心理品质教育，对促进学生全面发展起着主导作用。为了树立“课课有德育，人是德育工作者”这一教育理念，教育工作者应积极开展“各学科渗透德育”

工作，拓展德育阵地，增添德育渠道，丰富德育形式，扩充德育内容，使学校传统美德特色教育在学科渗透中增添新的时代内涵，在加强和改进大学生思想道德建设中发挥重要作用。“人之初，性本善；性相近，习相远。”由此来看，人的一生，“习”性教化可谓最重要了。一个人从出生到入学属于童年时期，是启蒙阶段，主要受教于家庭环境和父母；从入学到毕业属于青少年时期，是成长阶段，主要受教于学校环境和教师；从学校毕业以后属于成年时期，是工作阶段，主要受教于社会环境和自我教育，以至于终身。一个人跨入社会后的成年期，其工作、生活、为人处世的“德行”，主要来自前两段时期的“教化”。那么，学校教育在整个人生长河中起到什么具体作用呢？本书认为，学校教育主要应起补救、输送、升华的作用。因此，作为人生中间阶段的学校教育，就要针对每个学生家庭教育的现状，及时采取补救、输送、升华的措施，这应成为学校德育工作的主导思想。

学校德育的职能主要是输送和升华。家教如溪流，优劣如清浊，学校教育如江河，我们应集泉纳溪，江流成河，以保证学生融入集体，循着正途奔向人生的海洋，避免其流进沼泽，误入歧途。学校德育是个系统工程，学生整个人生道德、行为习惯的养成主要是在学校教育阶段获得的。学校德育的升华教育就是要把每个人潜在的道德意识从原始状态提升到理性认识，并进一步养成每个人的自发性的行为习惯，使其成为每个人跨入社会后各项工作得以顺利进行的重要保证。学校德育是人生道德过程中最重要的一环，因此每一位教育工作者都应认真贯彻落实党和国家的教育方针，始终把德育工作作为学校工作的首要任务来抓，为把每个学生都培养成对社会有用的合格公民而努力。

第二节　高校德育教育的本质

德育本质研究发轫于 20 世纪 80 年代初期，时值整个教育学界展开教育本质问题大讨论，而当时中国思想界、学术界正在全面反思“文革”，对真理标准问题开展了大胆探索。可以说，20 世纪 80 年代是一个鼓励反思与批判的时代，是一个追问事物本质特征、探索社会深层真实的时代。正是立足于这样的时代语境，德育学者启动了关于德育本质问题的讨论。

一、两种思维：定义与隐喻

德育究竟是什么？对曾经以阶级斗争代替德育、将政治教育等同于德育之历史的警醒，是人们提出这些问题的直接动因。有论者提出，作为德育原理基本问题的德育本质，可以被分解为两个问题，一是事实分析，即德育的现实状态是什么；二是价值分析，即德育的理想状态应该是什么。

综合来看，从事实分析的维度探寻德育的本质，人们一般以逻辑思维方式，通过给德育这一概念下定义来完成；从价值分析的维度思考德育的本质，代表性观点所采用的思维方式则是隐喻。

关于德育的概念我们在第一节中已有分析，这里来看德育的隐喻。1994 年，鲁洁先生在《中国教育学刊》发表论文《道德教育：一种超越》，明确提出她对于德育本质的观点：德育之本质即超越。这一观点的要旨为：道德教育不是对现实的行为与关系的复制与重现，而是按照某种超越于现实的道德理想去塑造与培养人，促使人去追求一种理想的精神境界与行为方式，以此实现对现实的否定。以“超越”这个带有文学色彩的概念来表述德育的本质，而不是以“种差 + 属”的格式予以严谨的逻辑界定，这在我国德育学术史上尚属首次。

鲁洁先生提出的“德育即超越”的观点，尽管评说不一，但迄今为止尚无人明确指出，德育超越论是隐喻思维的产物，是当代中国学者创造的一种教育隐喻，是鲁洁先生对德育本质的理想化、个性化和诗意的表达。

“超越”作为一个学术概念，在 20 世纪 90 年代的中国学术界并不经常被使用，但是在马克思主义哲学实践论中，“超越”被用以阐释实践的本质；在学者批判西方现代化弊病的时候，“超越”也常被用作克服物质主义的一种行动策略；在西方教育学者的论著中，也已出现以“超越”表达的教育价值取向，如费尼克斯出版的《超越与课程》（*Transcendence&Curriculum*）。正是基于对这些“超越”理论的深入理解，更主要的是基于对转型期中国社会和教育现实的精准把握，鲁洁先生以“超越”比喻德育，创造性地提出了她的德育本质观：德育即超越。

二、两种观点：适应论与超越论

（一）适应论

适应论德育本质观的主要观点可以概括为如下两点：其一，强调将社会认可或需要的思想道德品质转化为受教育者个体的品德；其二，强调德育应根据社会发展的需要培养受教育者的道德品质。适应论德育本质观在最近 40 年时间里依旧影响着德育学术研究，如 20 世纪 80 年代提出德育适应“四化”需要，培养德智体全面发展的创造型人才；20 世纪 90 年代提出要按照社会主义市场经济对人的道德品行的要求开展德育；2000 年之后则提出德育要适应网络信息时代发展的需要，并继续探讨德育如何适应市场经济。

由此可见，只要社会发展和时代演变对德育的要求与影响继续存在，德育适应社会发展需要的观点就不会消失，适应时代所需的德育实践也会持续进行。

（二）超越论

超越论的主要观点包括：第一，道德的超越特性规定了道德教育必然具有超越性，人之为人的超越性规定了道德教育必然具有超越性，社会实践本身所具有的超越性必然规定了道德教育的本质即超越；第二，道德教育的超越性体现为按照某种超越于现实的道德理想去塑造与培养人，促使人去追求一种理想的精神境界与行为方式，以此实现对现实的否定；第三，当代道德教育的使命就是实现对物质主义的超越，将人类从物质主义中拯救出来；第四，社会主义市场经济建设时期的德育培养受教育者具备市场经济所需要的种种道德品质固然重要，但更重要的是对他们进行高于现实的理想人格的引导与培养；第五，在物欲膨胀、拜金主义、消费主义泛滥的时代，道德文化和道德教育更应努力超越而非被动适应社会现实，教育及德育应培养能够对现实生活做出反思和批判的人，培养勇于改变生活、改造世界的人，培养具有自我超越意识和能力的人。

三、立论依据：哲学与事实

以适应论与超越论为代表的各类德育本质观，其立论依据概括而言主要为两类：一是基于哲学原理而立论；二是基于对社会和教育的事实分析，尤其是批判而立论。研究者大多综合使用这两类立论依据来论证自己的德育本质观。

作为德育本质观立论依据的哲学原理主要为马克思主义哲学矛盾论、实践论及人学思想。20 世纪 80 年代至 90 年代的德育本质研究，普遍坚信矛盾论是探讨德育本质的科学方法论，他们认为任何运动形式内部都包含着特殊的矛盾，而这种特殊的矛盾就是构成一事物区别于其他事物的特殊的本质，因此，只有通过把握德育内部的特殊矛盾，才能正确认识德育的本质。研究者在分析德育内部特殊矛盾运动时，一般都是通过分析德育过程三大基本要素（教育者、德育内容、受教育者）的内在联系与相互作用而进行。三者相互发生联系，产生矛盾运动，即是德育。这个运动形式是教育者根据社会向人们提出的思想言行规范，对受教育者提出要求，受教育者自觉地选择、消化、吸收、运用这些要求，并转化为个人的要求，形成个人品德。这就是德育的特殊矛盾运动形式，即德育的基本规律，德育的本质。

研究者对马克思主义实践论的引用，主要体现在对人类实践之创造性的把握，并由实践之创造性引申出实践之超越性。马克思所理解的实践是人自身通过对环境的改造和创造来达到与环境的统一的活动。因此，实践就其本质而言就是超越的，它是人自身对他所处环境的一种超越。从实践唯物主义基本观点出发，教育作为一种培养人的实践活动，必然具有超越特征。而基于马克思主义人学思想对人的实然性与应然性的论述所得出的人之超越性本质，则为超越论德育本质观提供了哲学、人类学的理论依据。“根据马克思主义人的实践性做出了人的实然与应然两重性的教育学人性假设，揭示了人是兼具实然与应然两重性的存在”，“人的实然与应然两重性这一人性假设，确立了鲁洁教育学基本理论的基石”。

立足于对社会与教育事实之分析与批判的德育本质研究，主要关注的是我国社会转型时期所出现的种种社会弊病与教育问题，尤其是超越论的提出者，表现出对市场经济时代蔓延的物质主义、消费主义及拜金主义的深深忧虑，以及对应试教育、“无人”德育的强烈反对。

基于对当代中国教育发展、社会变革以及人的自由与解放的整体考量来思考德育的本质，这种学术路线既体现了实践理性对逻辑理性的超越，也体现了当代中国教育学者的社会担当。

四、发展趋势："入乎其内"与"出乎其外"

当前德育本质研究的发展趋势，可以用"入乎其内"与"出乎其外"予以概括。"入乎其内"是指通过对德育内部基本要素或德育实践活动的更为细致和深入的分析，发现德育内部蕴藏的更为具体和多元的规律性内涵。比如有研究者对德育过程的本质予以了探索，将德育过程的本质属性概括为生成性、发展性、情境性及阶段性。还有研究者通过对德育理论与实践中"规范"与"生活"的批判性反思，得出德育本质即追求"善的生存"。"出乎其外"主要指依据当代哲学理论或采用多学科交叉研究视角展开对德育本质的探讨。比如有研究者以现象学为理论视角思考了德育的本质，认为德育的本质即"参与德育活动中的人与人之间的生活方式"；还有研究者从价值哲学视角提出德育的本质即"社会价值体系对个体价值观念的定向引领与整合"；另有研究者从德育与政治权威关系的历史变迁中提炼出现代德育的本质，此即"寻求国家政治意识形态与个体价值判断之间的一种平衡"。"入乎其内"与"出乎其外"预示着我国德育本质研究的不断深化与拓展，可以预见的是，未来关于德育本质的研究在思维方式、理论基础及研究方法上，将呈现出更加丰富多元、更能体现研究主体学术个性的发展趋势。

五、高校德育本质论

高校德育本质从整体上决定着高校德育与其他事物的根本区别，深入研究高校德育本质既可以满足当前我国高校德育实践的现实需要，也是德育理论建设的必然之路。把握高校德育的发展趋势，完成其发展目标，就需要我们深入研究高校德育的本质问题。这既离不开对学术界已有理论成果的分析，也离不开对中外高校德育本质思想的历史观照，还要从多学科的角度对高校德育的本质问题进行深入探讨，进而揭示高校德育的本质，并以马克思主义相关理论为依据。在新的历史条件下，确立的高校德育本质是一个崭新的复合体，它保持适应与超越的一致，是关于关系本质、发展本质和实践本质的有机统一体。因此，它能够保持教育者与受教育者之间主体的平衡，促进社会与个体进步、和谐。

高校德育本质是反映高校德育各要素之间内在联系的根本属性，整体上，决定着高校德育与其他事物的根本区别。当前，我国高校的德育实践亟须深入探讨高校德育本质，这也是我国德育理论建设的基本需求。从 1978 年改革开放以来，对高校德育本质的研究产生了不少有价值的理论成果，是进一步研究全面的高校德育本质的重要基础。

（一）高校德育本质的内涵

对于德育的含义，我国学术界一般有两种看法，广义上，即所谓"大德育"，是相对于智育、体育、美育、劳育而言的，主要内容包括道德、思想和政治方面的教育。广义上，法制教育从属于政治教育，而性教育、心理教育、青春期教育等只是部分从属德育。《辞海》中也对广义的德育内容做了相似的解释：包括政治教育（即政治方向和态度的教育）、思想教育（即世界观和方法论的教育）和道德教育（即人的行为准则与道德规范的教育）。狭义上，德育仅指道德教育，包括道德认识、道德情感、道德意志、道德行为等方面的教育。世界上多数国家的德育均指的是狭义的道德教育。从外延上看，德育还包括“学校德育、家庭德育、社区德育、社会德育（包括工厂、农村、军队、事业单位等）”。

高校德育，作为学校德育的一部分，指的是在高等学府中，重点以大学生为教育对象的德育。高校德育的主要内容包括学校对学生的政治、品德、思想、心理素质等各个方面的教育。长期以来，高等教育的德育，也通称为思想政治教育。

作为哲学范畴的本质是事物的内部联系和根本性质，是“事物成为它自身的根本规定性或占统治地位的质，是事物存在和发展的内在根据。根据就是决定事物的存在、发展的内部原因，是事物内部固有的根本矛盾所决定的，是事物运动的根源”，以客观必然的形式起作用。“本质是存在的真理，是自己过去了的或内在的存在。”本质是存在的真理，是自己过去了的或内在的存在。本质规定事物“是什么”，是一事物区别于他事物的根本属性。本质在于现象之中，具有一定的层次结构。本质范畴具有如下特征：第一，任何事物内部都存在多种质，也就是多种属性，但反映事物根本规定性或占统治地位的质，才可称为本质；第二，本质不是任何外在力量所强加的，它是事物自身拥有的，它不依赖于任何的外部关系而存在；第三，较之于现象，事物的本质是事物存在的基础和关键性特征，因而也是最为重要的方面；第四，事物的本质是可以被认识的，表述或反映事物的本质是科学研究的目标之一。

高校德育是一个包含诸多要素的系统，它包含主体与客体、目标与原则、内容与方法，还有环境、评价、管理等等。所以，高校德育还具有多种属性，即质。因此这些质中最关键的就是高校德育的本质，它能够反映高校德育各要素之间内在的根本联系，整体上，它决定着高校德育与其他事物的根本区别。所以，理清高校德育所包含的基本要素之间的关系，是正确认识高校德育本质的关键。

（二）高校德育本质的研究意义

相对于其他德育工作来说，高校德育工作有自己的特殊性。《中国普通高等学校德育大纲》明确指出：“高等学校德育要继承和发扬中华民族优秀的德育思想和党的思想政治工作的优良传统，学习和借鉴国外有益的经验和成果；要适应新的历史条件，不断改革内容和方法，不断创新经验。”因此，深入探讨高校德育本质既是当前我国高校德育实践的现实需要，也是德育理论建设的必然要求。高校德育在社会层面上有历史性，也有阶级性，还蕴含着很深的民族性。

历史上，我国的高校德育，受中华民族传统文化和新中国成立初期我国的特殊国情影响，高校德育的价值定位只注重社会本位、集体本位，公民对于高校德育价值的理解多局限于德育的社会价值方面。高校德育的主要目的是满足社会发展需要，它以集体主义为最终价值取向，强调社会而忽视个人。尤其是高校德育目标取向带有浓厚的政治功利性，轻小德、重大德，主要依据政治觉悟和政治行为表现来裁定道德品质和行为。简单来讲，道德目标成了政治目标，而政治目标又被道德化，政治思想成为道德的核心内容。政治的标准被扩大和放宽为个人德行的要求。改革开放以来，“社会主义新人”“社会好公民”等高校德育目标的提法，也一直是从社会的需求出发，对于个人发展的需要则很少考虑。在高校德育的方法上，常常单纯地采用内容灌输的方法，学生接受的情况则很少在教育者的考虑之内，理论与现实的强烈反差容易造成学生的逆反心理。在实际的德育过程中，往往缺乏实践中介，致使高校德育的可接受性、可操作性都不尽如人意，被一些学者批判为“目中无人”。在高校德育的目标设置上，则千篇一律地用统一的模板去要求全体学生，目标体系缺乏层次，只注重塑造人的共性，忽视受教育者的个性差异，使高校德育成为一种刻板地铸造符合现实社会各种规范要求的“标准件”的模具。这些高校德育实践中的现实问题，都迫切要求深入研究高校德育的本质，并围绕高校德育的本质，对高校德育的目标、内容、方法和手段进行变革。只有顺应我国社会目前全面转型的需要，使高校德育不仅为经济建设服务，还要为社会的全面进步和促进人的全面发展而服务。

同时，探讨高校德育的本质也是德育理论建设与借鉴的需要。从德育发展史上看，德育实践要比学校的出现还早。德育实践的领域、发展的历程、影响的程度都远远超过了德育理论研究所取得的成果。在高等学校出现以后，德育实践开始受到传统德育实践方法的影响，其中包括理性化德育、政治化德育、宗教化德育、世俗化德育、灌输型德育、科学化德育等方面。与此形成强烈反差的是，高校德育实践的要求要远远早于专门的高校德育理论的发展。因此，要深入发展高校德育实践，就需要进一步深化高校德育理论的研究，而高校德育理论研究的发展则需要我们对高校德育本质进行准确把握。随着信息时代的到来，国际社会中全球性问题急剧增多，教育国际化趋势也日见明晰。特别是近年来，工具理性大行其道，知识价值取向居于主导地位，道德领域的问题日益突出。教育可以用来灌输政府的意识形态，提供标准的道德观，从而最大限度地减少由于迅速变化所引起的实际存在和问题，所以，各国教育理论界纷纷加强对德育的研究，世界德育理论的发展也呈现出既异彩纷呈又良莠不齐的局面。主体主义、道德相对主义、非道德主义等，各种理论令人目不暇接。与此同时，国际德育界又研究出了多种德育的方法，例如价值推理法、价值分析法，还有教育咨询法等等。在如此多的理论和方法中，怎样充分借鉴和学习国外德育研究的成果和经验，需要我们认清高校德育的发展态势，对高校德育本质进行深化研究。

六、当代中国高校德育本质的现实选择

当代中国高校德育的本质应是关系本质、发展本质和实践本质的统一，坚持适应与超越相辅相成，发展与个体发展相和谐，坚持教育者与受教育者相平衡，坚持社会作为教育者有目的、有计划地培养大学生的现实的社会活动。只有这样，才能遵循高校德育的发展规律，实现高校德育发展的最终目标。

（一）发展本质——适应与超越的统一

高校德育是一种有目的、有计划地培养大学生的社会实践活动，表现为“适应”与“超越”两种追求，二者的统一构成了高校德育的发展本质。具体来讲：首先，高校德育的价值取向引导作用可以帮助大学生在政治、思想、道德水平等方面更好地适应社会的规范要求；其次，由于个体对现实世界适应有选择性和过滤性，却都表现出否定性的超越的一面。所以，高校德育也要按照某种超越于现实的道德理想去培养和塑造人，促使人去追求一种理想的精神境界与行为方式，以此实现对现实的否定。如果不能经常目睹伟大崇高，道德教育便无从谈起。因为远大的理想自身就是人在现实生活中的必然需要，即高校德育的适应性制约着高校德育的超越性，所以高校德育的超越性不能脱离现实社会的发展和基础的可能。同时，高校德育适应性对超越性的制约，是要给道德理想赋予现实意义，以此实现对现实的超越，并不是要以现实的规定性来束缚限制人。因此，高校德育的超越性制约着高校德育的适应性。

高校德育要让学生“获得对社会和个人在社会内部地位的一般的了解”以及“形成价值观和生活目标”。高校德育的目标不单单是培育拥有良好道德的人，还需要其具有各种现代观念、先进的政治素质，以及高水平的理论素养和较高的思想觉悟。但传统的德育目的在于把德育作为一种驯服性工具，以此来使人服从于社会的要求。个人在道德生活中不仅可以做既有道德的理解者，更重要的是超越现成的道德体系，对既有道德保持合理的怀疑态度和超越精神，做先进道德的创造者，勇于突破陈腐的传统和规范，为新道德的确立开辟道路。这就需要我们转变观念，把高校德育的发展性摆在突出位置，让德育教育不仅仅是单纯的适应本质，而是转到适应与超越相统一的发展本质上来。因此，高校德育的实践就应该注重对学生进行精神激发，而不是单纯地进行简单的思想道德规范的灌输以及行为的约束，适当的精神激发可以让大学生在追求精神需要的实践中，创造新的关系世界，让大学生的品德得到新的发展，精神境界得到更高升华。

高校德育并不是把现实作为不可逾越的对象和把道德教育的作用只看成是对现实关系的复制与重现，具体说即是按照某种超越于现实的道德理想去塑造与培养人，促使人去追求一种理想的精神境界与行为方式。这种超越性体现为：第一，个体道德发展的水平实现由现有的低水平阶段向高水平阶段的跃升；第二，体现在高校德育的宗旨是完成德育主体与客体两者之间的社会价值关系的跃升——由实然的现实性向应然的可能性。高校德育从发展本质看，不仅仅是一种理想目标的活动，而且是对人的主体性的高扬，启发和唤醒学生的道德自觉和道德良心，使学生树立道德理想，领悟人生真义，学会怎样做人。因而，在现代高校德育教育中，我们反对无视德育赖以生存的现实基础、脱离实际的理想主义和在德育的导向过程中，过于工具化和功利化的倾向这两种方式。因此，只有认识到高校德育在价值追求上超出特定的现实需要的深远意义之所在，才能实现高校德育的发展本质。

（二）关系本质——双主体间的平衡

高校德育的发展目标是培养适应社会发展需要、面向未来、具有超越性的人，而这一目标的实现则取决于正确认识与把握高校德育主客体间的关系。因此，从这个意义上说，思考问题的视角从传统的德育主客二元，转向教育者与受教育者的双重主体身份，更多地承认和发展受教育者的主体性意识，在双主体间的平衡中追求高校德育关系本质的实现。这种关系本质决定了高校德育要采取一种双主体思维，是人类发展进步的必然。在高校德育中关注人的主体性，就是要以教育者与受教育者之间的双向互动为基础，充分发挥教育者与受教育者双方的积极性、主动性和创造性，尤其是强调承认和尊重受教育者的主体地位和主体人格，培养受教育者成为具有创造性、能动性、独立性等主体性素质的社会主体。

随着社会的发展，数字化生存让教育者的书本知识优势受到挑战，协商、平等、民主的精神日益深入人心，也使教育者的人格权威在事实上被弱化。传统的高校德育模式中，教育者是绝对的主体，拥有较多的书本知识和社会经验的优势，是知识与人格权威的代表；受教育者则是绝对的客体，其自身的需要被漠视，多样化、个性化的发展也受到忽视，导致大学生较高的道德认知判断能力与较低的道德实践能力的失衡。不管教师是否把学生当作主体来看待，学生作为个体存在，始终是一个有生命活力和反思性的人。现代信息社会还使学生拥有的信息和知识超出教师所能控制的范围，开放的社会也提供了多元的价值选择、多层次的道德需求和多样化的生活方式。在这种背景下，高校德育只有在坚持其关系本质的基础上，重新定位教育者与受教育者的关系，才能实现高校德育的既定目标。

高校德育是成人的教育活动，出发点和落脚点关注的都是人。在德育的教育过程中，要始终履行和贯彻主体性思想，用关系本质这一方式来开展德育活动，从鲜活的生命个体“人”出发，塑造以人为本的教育理念，突出人的多样化、自由、尊严、个性解放，以及人的能动创造精神，努力塑造自主、人格独立、具有创新精神和品格的人。主体性原则注重个体的生命体验，注重个体的现实需要，是人性的唤醒和个性的塑造，而不是对人性的压抑和控制。这就要求构建在平等、理解、对话的基础上，教师以个人的专业能力引导学生的能力发展，师生共同拓展的高校德育，以激发德育的生命活力，提高德育的实效。

具体到高校德育过程中，就是要把教育者与受教育者都看作德育关系中的主体，双方处于平等地位，即在人格上是完整的、平等的、独立的。学生是具有独特个性、自我价值建构的主体，而不再作为被灌输的客体；教师也不仅仅是单一说教的主体，而变成了学生思想的引导者、激励者，从而成为促进个体成长的引导主体。高等学校德育教育的着重点应转变为提高学生的道德判断力、敏感性、创造力和选择力，而不仅仅是单一的讲授道德知识和灌输道德理论。布贝尔指出：“师生关系本身就是人与人关系在教育领域中的体现，更是教师和学生作为人而存在和发展的独特方式，具有无可比拟的教育力量。师生关系的展开和师生交往过程，是学生获得人际体验技能和终生交往品质的重要源泉，也是学生建立价值系统的现实基础。”教师需要尽可能地信任学生，尊重学生的人格，保护学生的自尊心不受伤害，鼓励学生勇于提出自己的意见，使每个学生都能够运用自己的话语权说出自己的思想观点；与此同时，通过对学生道德实际的研究，提供每个学生可以解决问题的建议，让教师和学生拥有平等的地位，教师和学生之间的双向互动过程就是一个共享道德生活的意义与价值的过程。通过说理、讨论、示范、角色扮演等方法，师生都踊跃地表达自己对某一问题的理解和想法，通过教师与学生之间的讨论、争论、对话的方式，达成师生的某种共识，实现教师与学生间在知识、道德上的互相影响、互相感染，使两者得到知识与道德的双重增长。教育者的主体性体现在其价值引导，引领学生走上德行生成之路；受教育者的主体性体现在自主建构其信仰世界上，在德行生成之路上感悟和体验自己的道德生活。主体间的平衡强调的是教师与学生两者之间的相互影响、德行共进，主体间在这里是一种平等、共生的关系。这样教师和学生在共同的道德生活实践中就同时得到了成长。

（三）实践本质——社会与个体的和谐

高校德育的实践本质就是要寻求个体与社会的和谐发展。实践是人的存在方式，在确定高校德育本质中运用实践思维，就是要把学生看作实践个体，把高校德育看作通过实践活动不断否定和生成自身的超越性的过程。人在生活中充实和教育着自己，同时，超越于传统德育理性认知的思维方式，贴近学生个体的生活，所以，高校德育的基础和本体是学生的生活。在生活实践中，在社会环境和教育环境中，正是学生以“知识理解”为基础，以“情感体验”为主要方式，慢慢养成对人与道德关系的正确认识，即道德既是人为的，道德也是为人的，道德更是由人的；达到对个体与社会关系的正确理解，即人是社会的本体基础，社会是人安身立命的家园，社会进步要求人与社会同步发展。

个体发展与社会发展是个性与共性的关系，两者不可分割，密切联系，辩证统一。

马克思说：“人的本质并不是单个人所固有的抽象物，在其现实性上，它是一切社会关系的总和。”德国人本主义哲学家费尔巴哈说：“孤立的、个别的人，不管是作为道德实体或作为思维实体，都未具备人的本质。人的本质只是包含在团体之中，包含在人与人的统一之中。”这里的“团体”体现了个体与社会本质上的统一关系。我国传统的集体主义思维造成了青年学生缺乏个性与创意，导致大学生心理失衡，对德育教育工作有抵触情绪，这是因为过去的高校德育片面强调社会本位、强调社会要求，忽视甚至否定个人的内在需要，个人的发展仅仅是为了服务社会发展。随着社会的不断进步，人们对于精神需求的增加，要求获得尊重、实现自我价值的愿望越来越强烈，注重个人、以个人作为根本出发点和最终目的，已经成为整个社会现代化的标志之一。高校德育教育的本质必然要强调个人精神价值的实现，而不能像以往一样片面强调社会发展，实现社会与个人发展协调统一。高校德育教育不仅要适应社会发展，而且要立足于大学生的主观需求，把握好个人发展与社会发展的契合点，在实践中全面实现二者的有机结合。

高校德育的实践本质就是要大学生通过社会交往活动，让大学生在社会实践活动中，使其个体的发展与社会发展和谐统一，从本质上将个人以及社会的发展要求转化为自己的需求，在社会协作和交往实践中，形成真正的责任感和义务感。就像亚里士多德所说的那样：“我们做公正的事情才能成为公正的人；进行节制，才能成为节制的人；有勇敢的表现，才能成为勇敢的人。”高校德育不仅注重对知识的认识，更加注重对实践体验的总结和升华。

为了取得良好的德育效果，在进行德育教育时就应将大学生的道德认识与大学生的道德体验相结合，让大学内心认同道德规范，这样才能把德育要求切实转变为大学生的道德行为。还要制定一些与德育相关的活动，收集学生制订的活动计划，应设计学生喜欢的活动形式，让学生和教师都积极地参加活动。让学生走出课堂，更多地参与到实践活动中，在交往中学会交往，在承担责任的过程中树立责任意识；让大学生在德育活动中进行自我反思、评价和学习，形成自我教育机制。同时，还要从大学生的实际情况出发，满足学生的合理需要，尊重大学生的个性发展，坚持以社会发展的需要为中心，引导大学生关心社会生活，主动参加社会实践活动，在推动社会发展的进程中，创造自己的美好未来。

第三节　高校德育教育的功能

一、德育功能的研究

“学校教育，育人为本；育人教育，德育为重。”[①]关于“德育有什么用”或“德育的功能是什么”问题的思考与回答，涉及德育作为一种教育实践活动的存在合理性甚至合法性。新中国成立以来，无论是社会主流话语还是学术研究观点，都不曾公然宣称过“德育无用”。德育作为关乎国民思想品德修养、社会道德风气甚至政治意识形态稳定的一种特殊的教育形态，一直被置于“首位”或者被视为教育的最高目标。而在中国共产党十九大之后对教育之“立德树人”功能的高度强调，更进一步预示着在未来我国的教育实践中，德育将进一步受到重视并发挥重要作用。那么，新中国成立以来学术界关于德育功能的研究内容有哪些？产生了哪些思想观点？呈现出怎样的规律性？如何评价？针对这些问题的探讨，不仅有助于廓清德育功能学术研究的发展历史，而且还有助于当今德育研究者基于自我反思而确定未来的研究路径。

尽管关于德育功能的概念内涵存在一些争议，而且关于德育功能与德育目的、德育价值等概念之间究竟存在何种关系，也有研究者做出过较为详细的辨析，但是，关于德育功能的内涵，相关研究的理解基本符合这一观点：研究一般意义上的德育功能，就是要科学地揭示德育的功用、能力，回答德育能够干什么，能够对受教育者的品德及社会产生哪些影响等问题。作为德育理论研究的独立范畴和主题，德育功能研究的正式出现，当以1992年鲁洁先生发表的《德育之文化功能探索》一文为标志。有研究者依据研究主题的转向，将改革开放30年德育功能研究划分为如下三个阶段：政治功能观研究时期（1978—1992）、多元德育功能观研究时期（1992—1995）以及德育功能的理论反思时期（1995年

① 余淑华. 浅谈德育教育[J]. 中国校外教育（基教版），2012（1）：29.

至今)。我们以为，如以德育功能研究主题的正式出现为观察点，同时以德育功能研究所涉及研究问题为标准，新中国成立以来的德育功能研究主要历经了如下四个阶段：第一阶段为新中国成立至改革开放，主要围绕“德育如何培养无产阶级革命事业接班人”开展研究；第二阶段为 20 世纪 80 年代，主要围绕“学科教学的德育功能”以及“德育为政治服务功能的反思”展开研究；第三阶段即 20 世纪 90 年代，主要围绕“德育有哪些功能”开展争鸣；第四阶段即 21 世纪以来，关于“德育功能有什么属性”的探索性研究阶段。其中第三、第四两个阶段的德育功能研究，是直接针对德育功能展开的本体性研究，是新中国成立以来关于德育功能研究逻辑性、理论性产生质的飞跃的阶段。因此，我们有必要聚焦这两个阶段及其关注的两个主要问题予以回顾。

（一）关于“德育有哪些功能”的争鸣

20 世纪 90 年代初研究者开始思考德育有哪些功能，且一般将德育功能概括为政治功能、经济功能、文化功能以及促进个体发展的功能。或者将其概括为社会性功能和个人性功能，并强调学校德育最基本的两大功能就是满足社会需要和青少年自身精神发展需要，这两方面的德育功能缺一不可、相辅相成，忽视哪一方面，都会造成德育的失重、失效。这些观点可视为关于德育功能的较为传统的观点，大多不会引起学术界的争议。但是，对这些传统观点予以进一步深入的理论分析，也产生了具有创新性的成果，代表作就是鲁洁先生的《德育功能观之历史考察》。在这篇发表于 1993 年的文章中，鲁洁先生以社会构成论和社会发展论为视角考察了不同的德育功能观，同时从不同的个体思想品德的生成说、本性说、结构论以及发展论等出发考察了不同的德育个体功能观。这篇文章突破了当时相关研究局限于哲学思辨的分析框架，第一次从知识社会学的视角梳理了历史上不同的德育功能观及其生成机制，为学术界客观、全面地认识德育功能提供了理论参考。而鲁洁先生对于德育功能的创造性研究，更为主要地体现在她撰文论证德育的个体享用功能和自然性功能上。

德育个体享用功能和自然性功能的提出，打破了德育功能理论研究一直使用的分析框架，为德育功能的内容和类型研究增加了全新的观点甚至立场和价值取向。这两种观点的问世，同时也打破了德育功能研究一直缺少争鸣的局面，在德育学术界掀起了一场关于德育功能的讨论。

1994 年，刘尧撰文质疑“德育有多少功能”。他认为，基于《辞海》对德育的定义，德育只有发展功能，鲁洁先生提出的德育之个体享用功能属于德育的发展功能之列，个体享用仅是个体发展的另一种提法，而且是很不合适的提法。关于德育的自然性功能，他认为，道德关系实则是主体人与人、人与社会之关系，善与恶、正义与非正义、诚实与虚伪这些道德范畴都是对主体人而言的，不是对自然而言的；如果说德育有自然性功能，势必使人认为道德关系包含人与自然的关系，这就把道德概念搞乱了。他坚持德育的个体享用功能、自然性功能的提法是不确切、不科学的，人类个体如何使自己的享用价值与社会价值相符合，求得自身发展的教育应在人生哲学之中，而不在道德教育之列；对自然的合理利用之教育更不在道德之列，因人与自然不存在道德关系，这部分内容应在生态环境教育之列；如果硬要把人生哲学内容与生态环境教育内容列入德育，实际上是对德育的一种歪曲，带来的将是德育和道德概念的混淆。

1995年，李道仁先生也对鲁洁先生的德育功能观进行了评价，认为鲁洁先生的德育功能观存在四个问题：第一，未能指出德育的根本功能在于育德，即培养受教育者的品德；第二，混淆了德育功能与个体品德功能；第三，混淆了德育功能与德育内容；第四，把德育功能的性质搞乱了，德育功能无疑是社会性问题，不是自然现象和生物现象，生态失衡是社会的法制问题，不是依靠加强德育的自然性功能就可以解决的问题。李道仁先生的观点可以概括为一句话，即德育的功能在于育德，把德育功能“经济化”“自然化”“生物化”会在德育理论与实践上引起混乱。

针对刘尧和李道仁先生的质疑，鲁洁先生及其学生也做出了回应。关于德育的个体享用功能，鲁洁先生认为，根植于德育本质的享用功能不是任何人任意赋予的，而是德育过程之逻辑必然，它根植于德育本质之中。第一，德育植根于人的精神需要之满足，道德发展与完善是内在于人的一种精神需要，德育是满足这种需要的一种途径；第二，主体道德存在对象化的需要，比如助人为乐在人性中的存在，而德育能够引导和促进这种需要的萌发与满足；第三，主体德行不仅是利他或牺牲，实际上也是享用美好世界的一种器官；第四，高尚的人生道德意境实际上也产生审美愉悦。檀传宝教授做了进一步的概括：德育的个体享用功能是从德育的生命价值、功利价值升华而来的，反映了德育的本质特征和最高境界；德育的个体享用性乃是非功利的一种精神享用。“真正成功的德育是师生双方人格的双重提升，是一种具有美感因素的境界，是一种拒斥生硬、外力，求得人格尊严和精神自由的教育活动。这是德育不懈追求的最高目标，这也是德育个体享用性功能提出的重大意义所在。”

关于德育的自然性功能，檀传宝教授对于学界的质疑也予以了回应。首先，他指出，人类主体是否与自然处于平等、和谐的地位乃是现代生态伦理学已经严肃提出的直接的道德课题，学校德育面临新科技革命所带来的人类生存的新危机，面临着道德伦理学领域发生的新变化，也必须扩展其功能领域，重视其自然性功能的发挥，以培养和塑造具有“完善伦理”的下一代，这是时代提出的新课题。总之，“德育自然性功能缘于伦理学适应时代变化对道德概念的发展，因此讨论这一功能提法合理与否不能囿于传统的道德定义，而是要着眼于伦理学的进步和时代的要求，从新的视角理解问题而不是相反”。“德育个体性功能内涵丰富，可以描述为德育对个体生存、发展、享用发生影响等三个方面。享用是德育个体性功能的本质与最高境界。”

显然，质疑鲁洁先生德育功能观点的学者，主要依据的是伦理学关于道德的定义以及对德育自身内在逻辑结构的分析，而鲁洁先生及相关论者的辩驳则基于伦理学的新理论、新观点以及人类社会所面临的新危机。正如杜时忠教授所总结的：“在一个充满变革的时期，随着社会历史条件的变化，人们对德育功能的认识和观念也要相应地转变。在德育的社会性功能方面，除了我们过去强调的政治性功能外，德育还具有经济功能、文化功能和自然性功能；在其个体性功能方面，除了一般的个人品德发展功能外，还具有享用功能。”

（二）关于“德育功能有什么属性”的探讨

20 世纪 90 年代的德育功能研究除了出现过关于“德育有哪些功能”的争鸣，还曾涉及其他主题，对这些主题的探讨一直延续至今。这些主题主要包括：①德育功能与德育结构、德育价值、德育目的之间的逻辑关系；②德育的经济功能；③德育功能层次问题；④学科教学、校园文化的德育功能依旧是新世纪研究者感兴趣的话题；⑤紧随国家发展战略而思考德育功能也依旧是学者们研究德育功能的一种基本路径，如对和谐社会建设中德育功能的思考，对满足人民对美好生活向往的新时代德育功能的思考。在这些研究主题之外，21 世纪以来的德育功能还出现了一个新的研究趋向，即对德育功能自身属性的探讨，也就是对德育功能究竟具有怎样的本质性特征的探讨。与这一探讨相关的成果虽然并不多，也未引发学界的广泛争鸣，但我们以为这种研究是德育功能研究科学理性进一步推进的标志。如果说 20 世纪 90 年代“德育有多少功能”是德育功能研究一种广度和高度的拓展，那么，21 世纪后关于“德育功能具有什么属性”的探讨则是德育功能研究的一种深度和理性的推进；甚至可以这样认为，20 世纪 90 年代的德育功能研究对于德育存在过高的期待与估计，而 21 世纪以来的德育功能研究则开始更为客观、理性地思考德育功能。尽管相关研究刚刚起步，但也值得予以特别关注。关于“德育功能具有什么属性”的研究，主要观点有如下两点。

其一，学校德育功能的有限性。研究者指出，学校肩负着思想道德教育的重任，因此学校德育被赋予了众多功能，寄予着社会的厚望，但德育不是万能的。学校德育的作用是有限的，只能在一定条件下，在一定层次和水平上对个体品德进行培养，对个体的社会教化只能起引导而不是决定作用。研究者从如下四个层面论证了学校德育功能的有限性：①教育本身的负向功能决定了德育作用是有限的；②德育效果显现的迟效性特点表明学校德育的现实作用是有限的；③学校德育对学生的道德成长并不能起主导作用，社会风气和家庭对学生的道德影响大于学校德育对学生的影响；④德育在学校的实际地位制约着学校德育作用的发挥。

其二，德育功能的非意识形态性。研究者指出，自进入文明时代以来，德育的功能就同时具有意识形态性和非意识形态性两种特性。德育功能的自在性与自为性，是其意识形态性和非意识形态性的前提条件；德育功能的阶级性与非阶级性，是其意识形态性和非意识形态性的基本形态。

德育的非阶级性、非意识形态性问题，实际是它在一定历史条件下功能效应的共同性因素问题。还有研究者指出，在当代社会，与时俱进、与世界接轨，成为现代德育发展的内在要求；德育功能不能局限于阶级性方面，还要面向现代化、面向世界、面向未来，不断向非阶级性、社会性方向发展。这种发展包括：一是不断向经济领域、自然领域、心理层面等非阶级性领域扩展；二是发挥和发展德育的动力支持、人力资源开发、预测和调控等非阶级性功能；三是以人为本，着眼于人的社会化和人的全面发展。

以上观点中主张德育功能有限性的观点，对于人们客观认识和定位德育功能起到了理论指导的作用；而对于德育功能非意识形态性、社会性的论证，也有助于人们进一步思考德育如何发挥引领个体道德成长和促进社会道德文明进步的作用。

二、高校德育功能

“高校的德育教育，是高校实现培养‘四有’新人教育目标的重要保证，是时代赋予的历史使命。”① 研究高校德育功能是当今时代提出的重要课题。在改革开放的新形势下，研究高校德育功能具有重要的理论意义和实践价值。这就要求高校不仅要建立完整的知识理论体系，还要把德育放在首位，坚定政治立场，明确政治方向。在这种形势下，高校德育功能作为高校德育的一个重要组成部分，会越来越受到重视，也将发挥越来越重要的作用。

（一）高校德育功能的科学内涵

德育功能指德育系统内部各个要素之间相互作用以及系统与环境之间相互作用所产生的结果。德育具有内部功能和外部功能，德育的内部功能是德育系统内部各要素之间相互作用而形成的；德育的外部功能则是德育系统与外部环境之间相互作用而形成的。德育功能与德育目的和德育效果所侧重的内容是不同的。

德育目的是指“想要德育干什么”，是人们的一种主观期望；德育效果是指德育“实际干了什么”，反映德育的实际结果；而德育功能则是德育“本来能干些什么”，反映德育原本就应该发挥的作用。

受教育者对教育者的作用表现为教育者的为人师表、教育方法的适用等，教育者对受教育者的作用表现为受教育者要积极认同道德规范并严格遵守。高校德育系统与外部环境之间相互作用表现在：政治、经济、文化、社会、生态等外在环境对高校德育系统所形成的影响和高校德育系统对政治、经济、文化、社会、生态等外界环境所产生的作用。高校德育系统对环境的作用所形成的功能，主要有自然性功能、政治功能、经济功能和文化功能等。高校德育功能也就是德育功能在高校这个特定的环境范畴里的界定。其体系中必然存在德育功能原有的本体要素，不过这些要素在高校中会表现出新特点和新规律。

（二）高校德育功能的主要特征

高校德育功能会随着德育功能的发展而呈现出新的特征。因此，我们在研究高校德育功能的主要特征之时，还要结合德育功能的新特点来加深对高校德育功能的认识。

1.高校德育功能的特定性和发展性。高校德育功能的特定性集中体现在培养为社会主义现代化服务的高层次人才，以满足社会发展的需要，这是由高校德育功能本身固有的属性所决定的。任何事物都是发展变化的，组成高校德育的内容也不是一成不变的，它会随着不同历史阶段的社会思想、道德水平的发展变化而不断变化，高校德育内容的发展必然促使高校德育功能发生变化。

2.高校德育功能的直接性与间接性。高校德育功能的直接性主要表现在对受教育者个体的影响上，其中包括对受教育者的思想水平、培养目标以及价值理念起直接作用。在这

① 丁英凤，王嵘.高校德育教育与图书馆的德育教育功能[J].广东工业大学学报（社会科学版），2003，3（1）：88.

里，所谓的受教育者个体即指大学生，高校德育应着重关注大学生的个体发展，以培养大学生适应社会的能力。而高校德育功能的间接性主要是指高校德育的社会性功能所起的作用，其间接性主要通过社会性功能间接对社会政治、经济和文化起一定作用。具体表现为高校德育通过塑造大学生个人品质、培养优秀人才去反作用于社会政治、经济、文化，促使整个社会向更好的方向发展。

3.高校德育功能的适应性与超越性。其适应性主要是指适应当今社会发展的需要，既符合当今社会的核心价值观，又适应现实社会人的需要。高校德育功能的适应性是不以人的主观意志为转移的，而是以当今社会生产力发展要求和高校德育的发展目标为依据的，但仅适应是不够的，必须在原有的基础上进行超越。高校德育功能的超越性指高校德育在为将来的社会培养有价值的人才，以通过塑造品德来适应未来的跨越发展。

（三）高校德育功能的研究意义

德育的基本功能在于育德，社会和家庭在培养人的德行的过程中虽然起着重要作用，但高校是德育工作的主战线，承担着德育任务。要把大学生培养成社会主义现代化建设所需要的优秀人才，就必须发挥高校德育的重要功能。而随着改革开放的深入发展，在新的形势下，研究高校德育功能更具有重要的理论意义和实践价值。

1.有利于形成具有中国特色的德育理论体系。随着科学技术的迅猛前进和社会实践的纵深发展，把高校德育作为一门科学来研究，是当今时代发展对高校德育提出的新的更高的要求。德育工作是其他工作的前提条件，德育工作搞不好，其他工作都会受到影响，可见，德育工作是非常重要的，而它的强大生命力在于随着实践的深入而不断发展。“我们说高校德育是一门科学，是说它有独立的研究领域和研究对象，它有科学的理论基础和理论依据，它有自身固有的规律和科学体系，我们有必要把它作为一门独立的科学来研究，逐步建立它的科学体系。一门新科学理论体系的形成不是一蹴而就的，需要多方面的艰苦探索和共同努力。”因此，我们研究高校德育功能问题，正是为了更好地形成具有中国特色的德育理论体系而做出的新的尝试。

2.有利于为社会培养大批“新型”人才。德育是传承人类文明和弘扬社会道德的重要渠道。社会主义核心价值观，需要通过宣传教育、积极倡导等形式来弘扬，可以说，教育是为了适应社会发展而被认可的一种重要的文化形式。高校德育是教育过程中的一个重要组成部分，高校德育的重要功能就是为满足社会发展的需要，以大学生为教育对象，以大学生应具备的思想理论、道德品质为标准，通过确定课程设置、课程内容以及教学安排和教学方法的选择，将一定的政治思想、社会道德传递给大学生一代，以促使大学生思想政治素质的全面提高，使大学生成为当今社会发展所需要的建设者和接班人，为社会培养大批“新型”人才。

3.有利于促进大学生的全面发展。所谓人的全面发展，就是按照人应有的本质，以一种全面的方式，也就是说，作为一个完整的人，占有自己的全面的本质。全面发展的内涵随着不同历史时期的发展变化而有所不同，在整个社会历史发展进程中，受社会生产力水平和社会环境的限制，人们的思想往往呈现出片面发展状态。因此，研究高校德育功能有利于引导大学生坚持全面发展观，并为大学生的全面发展提供强大的精神动力和智力支持。一般来说，在社会生活中，一个人的知识阅历越丰富，能力水平越强，对社会的贡献也就越大。就每个人而言，他的智力所带来的社会价值不仅取决于专业知识和技能，更重要的是取决于政治素质和职业道德水平的高低。意大利诗人但丁说过：“一个知识不全的人可以用道德去弥补，而一个道德不全的人却难以用知识去弥补。”在市场经济的大背景下，有少数大学生还存在片面的发展观，存在以物质代替精神，或只重物质而忽视精神的现象；存在以科技代替道德，或只重个人成果而忽视社会和谐的现象。高校德育功能的发挥，有利于引导大学生树立科学的发展观，实现个人和社会的全面发展。

总之，高校德育功能就在于人的社会化、人格化，形成一个人的特质，这便是高校德育之功能所在。人需要德，才能改进自我、发展自我；社会需要德，社会生活才能够正常进行。高校德育对大学生个人乃至整个社会都具有重要作用。大学生是祖国的未来，是民族的希望，是国家的栋梁之材，要想把大学生培养成对未来社会有价值的人才，就必须高度重视高校德育工作，充分发挥高校德育功能的重要作用。

（四）高校德育功能的系统结构

结构是指系统整体与其各要素之间的关系以及相互联系和相互作用的方式。德育结构，是指德育自身所包含的各种因素及其相互关系，从系统论的观点来看，高校德育作为一个相对独立的系统，它不断地与外界环境和自身内部的各种要素发生着信息的交流，实现着自身的功能。本文主要从系统结构的角度来研究，认为高校德育功能主要由宏观社会环境的社会性功能、中观学校环境的教育性功能和微观个体思想道德方面的个体性功能三部分构成，这三部分之间相互促进、相互影响，共同作用于高校德育功能。

1. 高校德育的社会性功能

德育的社会性功能指德育对社会发展所起的作用，即德育系统与外部环境之间相互作用所产生的结果。高校德育社会性功能则是高校德育系统内部与外界环境之间相互作用而形成的，主要体现为外界环境中的政治、经济、文化和生态直接影响高校德育，其中当今的经济制度、经济发展水平对高校德育起着决定性作用；政治思想对高校德育起着指引方向的作用；社会文化对高校德育起着潜移默化的渗透作用；生态环境对高校德育起熏陶作用，以上这些社会性功能就构成了一个宏观的德育功能系统。

2. 高校德育的教育性功能

德育的教育性功能，是指德育结构系统内部之间的结构关系，是德育的价值教育属性。高校德育的教育性功能是把大学生塑造成具有健全人格和完整品行的人，首先从教人做人的德育理念出发，最终实现教与学、学与用相结合。

3. 高校德育的个体性功能

德育的个体性功能指德育对受教育者个体发展所能够产生的实际影响。高校德育的个体性功能是德育在较高发展阶段所表现出来的对受教育者思想道德素质的形成和培养，使高校德育真正成为促进人全面发展的教育。主要通过道德需要的直觉、道德情感的培养、道德行为的养成来影响个体思想道德素质，进而促进个体的成长和发展。

（五）未来高校德育功能的发展趋势

随着社会主义现代化的快速发展，特别是现代科学技术的飞速发展，高校德育功能的发展呈现出了新的趋势，如何提高高校德育的育人水平，把握高校德育功能的发展趋势，进而推动整个社会发展，具有重大而深远的意义。

1.高校德育功能的现代化发展趋势。现代化是指在当今的现实社会，人类活动特点、发生、发展过程，现代化是一个发展的过程，也是创造现实的活动，现代化是当今世界的发展趋势，国家和所有社会人本身也必将走向现代化。高校德育功能的现代化是一个全面而深刻的变化过程，高校德育功能的现代化的发展趋向主要表现为以下三方面。

第一，高校德育功能观念的现代化。高校德育功能观念的现代化作为高校德育现代化的一个重要前提条件，必然影响其他因素的现代化。高校德育功能作为一种有意识、有目的的社会实践活动，更受制于思想观念的变化。传统的、固化的德育体制和德育方式往往会对当前的高校德育功能产生不良影响，使得当前的教育者按照过时的、保守的思维方式进行教育，这势必会使得高校德育蒙上保守色彩，所以，高校德育功能要想实现现代化必须突破传统的德育观念的束缚，实现德育观念的现代化。

第二，高校德育功能内容的现代化。高校德育功能内容的界定必须体现和反映当今时代的特点，高校以什么样的内容开展德育，对德育活动效果的实现具有重要的决定作用。因此，高校德育功能内容的现代化是必须要研究的重点，也是整个高校德育功能现代化的核心。我们不能执意将传统内容作为德育内容的核心，更不能只讲现代不讲传统，而是应该将优秀的传统内容与现实的实际相结合，提出新问题，解决新问题；同时，还应该选择在实际生活中常常发生的现实问题作为主要内容开展德育，选择适合当代大学生实际生活的现实实例，通过展现实例的内在价值来感化大学生、激励大学生，以达到最佳的教育效果。

第三，高校德育功能手段的现代化。高校德育功能手段是在德育过程中，教育者与受教育者传授与接受的方式。高校德育功能手段的现代化，就是运用高科技技术改变过去传统的德育传播方式，通过贴近实际的、多样化的传播方式和手段来实现高校德育的最优化。高校德育功能手段的现代化已经成为整个高校德育功能现代化的推动力量，传统的德育功能手段单一、方法单调，已经与现代发展不相称，因此，要实现高校德育功能手段现代化，需要借助现代科学技术的力量。

2.高校德育功能的社会化发展趋势。高校德育功能在实现现代化的发展过程中，必然要面向社会、面向未来，它不可能孤立存在，因此，它必然具有社会化发展趋势。高校德育功能如何提高社会化程度，如何适应现代化与信息化社会的发展，就要求其适应社会化程度要不断提高，社会化方向也需要改进和发展。

第一，高校德育功能必然要立足社会而发展。高校德育功能只有融入社会生活的各个领域，成为社会生活必不可少的组成部分，才能发挥应有的作用。高校德育功能在新的历史条件下，要努力避免理论与现实脱节的不良倾向，改变理想与现实工作相脱节的现象，这是德育功能社会化的必然需要。

第二，要不断提高高校德育功能的适应性和平等性。要积极建立教育者与受教育者之间的双向平等的德育模式，改变不平等现象，教育者要不断提高自身修养，结合社会实际情况，开展德育活动，帮助受教育者提高适应社会的实践能力，自觉进行自我完善、自我提高，使德育内化为每个人的自觉行动，使德育功能成为每个人自觉关心和参与的活动，只有这样，高校德育功能才能真正发展成为社会化德育。

3.高校德育功能的学科化发展趋势。高校德育功能面对理论方面和实践方面的新要求和新期待，要解决这些新问题和新要求，达到预期目标，其现实选择必然要实现学科化。所谓高校德育功能学科化就是要把高校德育功能的研究领域、研究内容和研究方法等现实问题纳入高校德育功能学科研究的范围，形成科学系统的高校德育功能的理论体系和分支学科体系，使高校德育功能真正发挥作用。在新的形势下，高校德育功能学科化发展呈现出以下趋势。

第一，与人文社会科学相结合的发展趋势。我国的高校德育作为人文社会科学发展的一个重要分支，已经形成了自己的理论系统与发展体系。任何事物都不是孤立存在的，高校德育也是如此，其综合性和适应性的特点必然决定其与相关学科之间会存在一定程度的交叉，因此，高校德育功能需要研究人文社会科学发展的新趋势和新规律，了解相关学科的最新研究成果，及时充实和丰富自身的发展，这样才能真正发挥德育应有的功能，才能在学科竞争中精益求精、立于不败之地。

第二，与现代科学技术发展相结合的发展趋势。现代科学技术不但为高校德育功能提供了现代化的技术手段和实现条件，同时也要求高校德育功能必须适应现代化的时代要求。可以说，现代科学技术已经融入我们现实生活和工作的方方面面，我们当今的生活和工作已经离不开现代科学技术，高校德育同样也是如此，不能脱离现代科学技术而存在。用现代科学技术变革传统德育功能方法和手段，已经成为德育功能学科发展的重要内容，因此，在高校德育过程中，不能只局限于传统高校德育功能的灌输式教育，而应强调注重与现代科学技术相融合的发展趋势，运用高校德育功能的方法和手段的现代化，追求高水平和高效率，创造出新的教育感化力量，营造富有时代气息的育人环境。

第四节　高校德育教育的载体

一、高校德育载体的含义

（一）何谓载体

“载体”原本是一个科技术语，最早出现于化学领域，后被广泛应用于科学技术领域。根据《现代汉语词典》中的解释，载体系指某些能传递能量或运载其他物质的物质，如工业上用来传递热能的介质，也泛指能够承载其他事物的事物，如语言文字是信息的载体。在人文社会科学领域，载体被人们定义为承载知识或信息的物质形体。

（二）何谓高校德育载体

高校德育载体的基本含义是指承载、传输高校德育信息，能为高校德育工作者所应用，并进而引发德育主客体相互影响、相互作用的一种物质形体或德育活动方式与条件因素。

（三）高校德育载体的内涵

学术界对高校德育载体的内涵研究，主要观点有以下几种。第一，德育实施论。德育载体从广义上讲，是一切实施、促进德育实施的附着物、加入物、催化物的总称。从狭义上讲，主要是指德育实施。第二，活动过程论。德育载体就是在德育过程中能载运教育因素的活动及过程。第三，形式手段论。认为德育载体是德育中能够承载并传递德育信息、内容的某些形式和手段。第四，德育中介论。认为德育载体是联系主体与客体、内容与形式、内外与外化的一种中介。第五，德育条件论。认为德育载体是德育实施的前提条件。这些观点代表了基于不同视角的对载体内涵特征的认识。“横看成岭侧成峰，远近高低各不同。不识庐山真面目，只缘身在此山中。”（苏轼《题西林壁》）以不同的角度审视德育载体，自然会得出不同的概念认知。

本书认为，德育载体的本质是应德育活动之所需，既能承载传输德育信息，又能为德育活动提供必要条件的物质形体。这种物质形体既可以体现为有形的或显性的事物，如教材、电脑等；也可以体现为无形的或隐性的事物，如校风、学风、优良传统等。德育载体的本质属性决定了它在功能发挥上展示着不同的风貌。马克思说：“一物的属性不是由该物同他物的关系产生的，而只是在这种关系中表现出来的。”按照唯物辩证法的原理，某物的属性的表现一方面由其内在规定性所决定；另一方面将随某物与他物的关系的具体变化而变化。因此，德育载体的内涵，既由德育主体的具体需要而确定，又与德育客体的价值期待相呼应。比如，教育者可以依据课程教学实际选择适宜的方式方法，而受教育者对教育者所采取方式方法的欢迎和接受程度则取决于内在的认知结构与关注兴趣。由于教育活动本身具有强烈的主观性、复杂性和不可预测性，也由于德育过程中存在的理性因素与非理性因素、确定性与不确定性的纠缠，更由于社会环境对德育对象及德育活动的影响，高校德育载体为适应德育主客体的需要，在功能发挥及体现形式上展示着不同的面目，在德育活动过程中扮演着不同的角色。作为德育内容、方法、手段、过程的物质承担者，它是德育物质条件的提供与储备；作为高校德育信息的承载者、传输者，它是德育方式方法的体现者、德育过程要素的中介者、社会思想道德规范的表达者，比如作为教学载体中的课程体系、教材等都包含着国家关于德育目标、德育内容等方面的明确要求；作为显现德育活动的物质形体，它与被承载的德育信息构成一个和谐完整的德育运动系统，共同作用于德育活动的实施、德育目标的实现，因为没有德育载体，被载的德育信息就无法传达，也无法现身。因此，从外在的表现看，德育载体的运动就意味着德育活动的实施、德育途径的选择。比如重要纪念日的纪念活动，既是德育的实施过程，也是一种德育载体的运动方式，还是德育实施途径的真实反映。因而，德育载体及其运动是一种多元意义的集合体，它不仅仅是为了传达德育信息、体现中介作用而存在，它也内在于德育活动所必需，体现着人们对德育世界的表述、追求和向往。从矛盾运动角度看，德育教育是一个各种要素相互联结和相互转化的整体和过程，是一个系统性的完整的活动过程。载体要素的存在使这一活动过程充满了无穷的变数，载体的运动、变革与创生，推动着德育活动的发展与进步。根据以上表述，本书有理由认为，高校德育载体的内涵极为丰富，需要跳出传统的研究窠臼，从新的角度、新的视野重新审视它的内涵、功能、地位与作用。

二、高校德育载体的作用

1.纽带功能。德育作为一种教育活动，和其他教育一样，既需要有教育者，也需要有受教育者，而且还需要有一个纽带把两者有机地结合起来，这个纽带就是德育的载体。由此可以看出，任何一种类型的德育载体，无论是板报、网络，还是报纸、电视，其所以被称为载体，就是因为通过它们，教育者把某种德育的内涵传向了受教育者，也只有通过它们，才能使德育内容作用于受教育者身上。板报、网络、报纸、广播、社团、班集体等，都是载体，没有它们作为桥梁，德育的教育者和受教育者之间就发生了断裂，德育内容自然无法传输到受教育者那里，德育作用也就无法发挥出来。

2.反馈功能。德育的效果如何，受教育者对此如何反映，这是高校德育工作者必须清楚知道的内容。只有这样，才能不断改善德育的内容、形式、方法和手段，使之与受教育者相适应。而德育载体具有反馈功能，通过德育载体，可以立即了解受教育者的反映，比如，通过对网站的浏览数字统计，可以看出学生对网站是否喜欢、某些德育节目是否受学生欢迎；通过参加社团的人数，可以推测出某个社团的德育是否成功；教师通过学生对授课的反映，可以了解学生对其教育的认可程度。

3.交叉强化功能。高校德育的目的就是提高大学生的思想品德，保证大学生在精神上健康成长。因此，德育具有很强的导向性，即通过有计划、有目的地实施德育，使大学生在区分正确与错误、正义与邪恶的基础上，肯定、弘扬真善美，辩明、批评、鞭挞假恶丑，并引导学生朝着正确的、科学的方向前进。

但是，德育绝不是只进行一次教育，受教育者就能立即接受，并转化为行动，而是需要反复强化、重复进行，才能确保受教育者得到教育和升华。载体的多样性，使得德育的载体具有交叉性，同一主题的内容通过某一载体传向受教育者时，其他载体也向他产生影响。如广播进行集体主义宣传时，网络、报纸、电视、宣传栏都在围绕这一主题进行宣传，受教育者受到了立体的、全方位的渗透，使他在“润物细无声”中不知不觉地受到潜移默化的影响，最终实现德育的目的。

4.固化功能。虽然有的载体是有形的，有的载体，如广播、网络是无形的，但是，它们都有一种固化功能。即它们被挑选为载体，是因为它们都有一定的稳定性，可以在一定的时间内存在，可以长期被使用，而不是转瞬即逝，更不是一次性的，而且有的针对同一内容，还可以反复展示，如报纸、多媒体、网络，它们具有可重复性，对于德育的强化起到了一种稳定的支持作用，有利于把德育充分贯彻下去。

三、高校德育教育的载体类型

（一）课程载体

1.课程手段远程化的利与弊

课程载体作为最原始的一种载体形式，自古至今一直在沿用并不断地发展和改变，传统的课程载体通过课堂讲授的方式完成教育，教师与学生之间并无空间上的隔绝。然而随着现代网络技术的发展，课程载体已经不局限于实体空间，而同样存在于虚拟空间之中，即课堂这一空间已经不是课程载体的必备要素，人们可以通过网络来进行知识的传播与学习。同时，也因为课堂空间的虚拟化，使教师与学生之间不再需要以往的面对面式的教与学，而是教授者与学习者之间产生了一定的空间距离，二者利用网络作为媒介来进行教与学。随着科技的进步，虽然学习者仍然是自然人，但教授者却未必是实际中的人。网络远程课程可以将自然人的课程制作成视频或者音频，然后提供到网络上，以供学习者学习，甚至可以利用计算机技术将计算机制作的课程提供给学习者学习。

课程手段的远程化使学习者能够便捷地学习知识，也使学习形式与学习内容变得更加丰富多彩，现在选择网络远程教育的学习者也越来越多。但是，远程课程也存在诸多问题。首先，远程教育忽视了因材施教的教育原理。因为教授者不能直接与学习者进行沟通，所以，对于不同的学生具备何种特殊性，教授者并不能掌握。由此出现以相同的标准对待不同学生的情况，这并不利于教育预期效果的取得。其次，学习者的学习成果不能作为下一阶段调整学习方法的根据。虽然远程教育采取了多种形式对学习者的学习成果进行考核，但是，学习成果却并不能得以有效的分析，不能作为下一阶段学习者调整学习方法的有力根据。由此可见，在肯定课程手段远程化的同时，也应充分发现其中的不足之处，以进行相应的完善，使远程课程发挥更大的作用。

2. 课程内容应具有时代性

课程载体以课本内容为基本的承载信息，课程内容的质量直接影响着课程载体在高校德育工作中作用的发挥。因此，对于教育内容的质量应引起足够的重视。课程内容应具有时代性的特征，具体表现为以下两个方面。

第一，对于原有课程内容，要在符合时代性特征的情况下进行相应的更新。当今社会知识更新速度极快，因此，原有的知识内容不可避免地要遭遇淘汰。对于新环境下所产生的知识内容，自然要肯定其总体上的进步性，进而以新的知识取代旧的知识。对于高校德育课程而言，由于社会对德育问题的思考从未间断过，致使高校德育课程的内容也随着思考而更新。中国化的马克思主义理论成果是马克思主义中国化的必然结果，而这与中国具体实际相结合，进而更新理论和实践路径的做法还将继续发展下去。因此，高校德育课程也要随着认识的不断深化，而更新自己的课程内容。

第二，当今世界是一个联系日益密切的世界，国与国之间打破了原有的地域限制，进行了更为广泛而深入的沟通与交往。世界相互依存、相互渗透，经济全球化、经济一体化已成为不可抗拒的历史潮流。在此大背景之下，高校德育课程的内容便需要与世界接轨。课程内容与世界接轨，除进行经济全球化等相关内容的教授外，还应注重提倡高校学生学好外语，掌握与世界其他国家进行沟通与交流的能力。同时，最为关键的是，培养高校学生认清国际形势，以及中国所处的国际地位与国际环境，增强高校学生的责任感与使命感。

（二）管理载体

1. 管理载体要保证高校德育目标的实现

所谓管理，是指一定组织中的管理者，通过实施计划、组织、领导、控制等职能来协调他人的活动，使别人同自己一起实现既定目标的活动过程。目前，管理正因其实效性而为越来越多的人所接受，因其有效性而为众多用人单位所青睐。管理工作具有两个显著的特征，即强制性和规范性，所以其在约束每名成员，规范成员的行为方面有着特殊的作用。制定相应的规章制度并确保这些制度的有效实施，是管理者实现有效管理的重要途径。当学生表现优秀时，按照相应的规章制度加以奖赏；当学生表现不佳时，同样用相关的规章制度进行惩罚或教育。同时，管理工作还具有普遍性、严肃性等特征，大到一个国家、一个民族，小到一个企业、一个家庭，没有规矩不成方圆，缺少相应的管理工作都会导致混乱的产生，影响社会的正常秩序，因此，高校的管理工作对学校的发展至关重要。新时期下，国外高校也非常重视大学生管理载体的建设和发展，相互学习和借鉴促进了传统管理手段的变更和方法的创新。

高校德育工作是一种对象很广、几乎涉及各行各业每一个人的工作。正因为是面向人的工作，所以具有特殊的复杂性、灵活性、独立性等特点。与此相适应，搞好高校德育管理工作所需要利用的载体形式也应该具有这种涉及面广的特点，同时又要能够针对人的特殊性，采取特殊的方法和手段，以实现对人的有效控制、约束和规范，进而实现组织的既定目标。从某种程度上说，正是管理活动的特点与德育工作要求的不谋而合，使得组织可以通过管理的方法实现对人的有效的规范和制约，以保证德育教育工作的效果，而有效的德育工作反过来又可以凝聚人心、鼓舞士气，最终促进组织管理工作的开展和组织目标的实现。管理活动与德育工作这种内在的联系性与相互促进作用，必然推动管理与现代德育教育工作相结合。

2. 管理载体是高校德育载体的重要形式

管理工作主要是针对人的工作。管理的对象是人、物，但归根到底，对任何事物的管理必须通过人。所以，现代管理工作的核心就是实现对人的有效的管理，是以人为中心的人本主义管理。近 30 多年来，我国经济迅猛发展，社会主义现代化建设走出了迷惘的探索时期，取得了辉煌的成就。然而在对外开放中引进国外各种先进技术和经验的同时，西方各种背离社会主义的思潮和个人主义生活方式也迅速在我国蔓延，促使我国社会发生了前所未有的复杂变化。人们思想观念的转变给传统的思想政治教育工作带来了巨大的挑战，原有的从事德育教育工作的方法和手段，如通过开会、读报、电视广播、领导讲话精神学习与讨论等方式和途径显然已经不能适应迅速变化的社会环境下人民思想的发展与变化的需要。当今社会对新时期的大学生进行有效的德育教育，就需要依赖遍及社会每一个角落的管理活动作为手段，实现德育教育工作的普遍性和经常性；利用管理工作能够有效协调与沟通人际关系的特点，实现对教育者的有效教育，保证高校德育教育工作的有效性；要保持社会主义国家长期不变颜色，在发展中实现新世纪中华民族的伟大复兴，同样需要依靠管理工作的强制性与规范性，这样才能有效约束大学生不正当的思想和行为，用中华民族的核心价值观和新构建的核心价值体系牢牢地将全国人民紧密团结在一起，用自己的热血和努力，为中华民族的崛起贡献力量。由此可以得出这样的结论，巨大的社会变革既迫切要求我们运用管理载体开展教育以实现全方位的思想政治教育态势，又为思想政治教育运用这一新的载体提供了历史舞台和现实条件。

（三）文化载体

1. 校园物质文化是富有内涵的人文环境

高校德育教育的物质文化载体并不是日常工作和生活中一般意义上的环境。它是环境的创设者为了达到一定的目标有意创设出来的，具有明显的目的性和计划性。“校园物质文化以其独特的风格、特色、形式和文化内涵，影响着大学生的观念和行为。”[①] 教育者为了提高德育教育的效果，经常会利用一些能够调动教育者自身和被教育者双方的载体形式，在不知不觉中给平淡的生活加上教育的色彩，使被教育者在无形中受到教育，得到启发：学校里的物质文化环境正是如此，学校里的一砖一瓦、一草一木都是校园环境创设者有目的、有意识、有计划地创设出来的，能够让大学生在无形中受到教益的物质实体，蕴含着教育主体的良苦用心和深切期望。我们所工作和生活的校园，正是这种充满了人文气息的物质文化实体所构成的美丽的学习生活画卷。这些有形的物质文化在教育我们的同时，也让我们感受到生活的美妙，感受对明天的期望，感受到奋斗对人生的意义。

可以说，每一所高校都有着自己的特色，都有着自己从建立到发展的独特的成长历程。走进高校，不用过多地感受人们的精神面貌与举手投足，单是校园里的物质文化建设就足以令你发觉不同校园里所散发出来的不同的文化气息。每一尊雕像和每一栋建筑，甚至每一棵树、每一株花草都透露着各自的特色，闪耀着各自不同的人文光环，深藏着环境创设者的教育理念。尽管学校的物质文化环境只是高校各具特色的校园文化的物质形态表现，却可以让身处其中的教育主体和客体都能感受到它的人文气息，都能从中受到潜移默化的影响，进而使自己的知识得到增长，情感得到陶冶，意志得到磨炼，价值观得到升华。因此，学校物质文化是富有内涵的人文环境，对高校德育工作发挥着重要作用，搞好学校物质文化环境建设，是校园文化建设的重要内容。健全和完备的校园物质文化建设，能够为校园文化建设提供必要的物质基础支撑，既可以满足师生的文化需求，提高校园文化活动的层次，增强校园文化活动的效果，又可以使教育主体和教育客体双方都能感受到“一种面向世界、面向未来、面向现代化”的无声的教育和美的陶冶。

2. 充分发挥校园精神文化在育人中的作用

作为精神与学术的最高殿堂，高校是提升科学精神和吸收文明成果的最高体系。就内涵而言，大学文化是一个由精神文化、制度文化、行为文化和环境文化四个部分综合而成的复杂体系，其中，“校园精神文化是一所高校最为核心的价值追求和品格特征，精神文化一旦形成，就会发挥出显明的传承、导向、凝聚和激励作用。”[②]

传授知识、培育思想、塑造灵魂是高校教育的根本。一个没有进取精神、没有和谐精神、没有友爱精神的社会是冷漠的社会，没有希望的社会，与人性相悖的社会；同样，一个没有向上精神、没有竞争精神、没有探索精神的民族，也将是逐步走向衰落的民族。而大学作为社会的引路人、民族的建设者，更要肩负起拯救整个社会思想道德素质的重任。

高校教育应重视师生的精神文化建设，包括在高校精神文化育人的过程中，多面型人才、全方位型人才将发挥重要作用，这样也就给高校育人提出了更高的要求。所以，高校精神文化作为先进思想的传播者和带头人，更应该体现出一种蓬勃的、积极向上

① 蔡恭亦，段惠婧. 女子院校校园物质文化建设初探[J]. 大学教育科学，2009，3（3）：40-42.

② 孙英琨. 高校校园精神文化建设探微[J]. 学校党建与思想教育（高教版），2015（11）：86-87，96.

的、追求完美的精神状态，宣扬一种超前的、思想活跃的、富有时代气息的精神文化。而教师作为人民精神的建设者、人类灵魂的工程师，应该义不容辞地肩负起这一神圣的使命。高校应具有开放意识，大量引进人才，加强人才交流，革新思想观念，完成思想的大解放，这样才能在人才的流动中带动文化的交流、思想的解放、学术的探索，丰富校园的精神文化生活。

四、高校德育载体建设中存在的问题与原因

（一）高校德育载体建设中存在的问题

第一，缺失的隐性德育载体。德育载体是高校德育教育的重要资源，没有载体，德育教育将无法进行。而传统的德育载体，如宣传栏、社团组织等虽然取得了一定的成效，但随着我国市场经济体制的逐步完善，大学生的独立意识、竞争意识、民主意识、法律意识都有所增强，各种意识形态潜移默化地影响着大学生的思想观念和价值取向，因此，高校德育的时代背景和教育对象也随之发生了变化，德育教育对载体的需求也发生了重大变化，德育工作面临着新的挑战。所以，仅仅靠原有的那些显性载体开展德育工作显然已缺乏针对性和实效性，出现了被动滞后现象，所以，积极探索隐形德育载体是高校德育改革面临的新课题。

第二，失效的认知德育载体。我国高校德育的主要载体就是认知载体，即思想政治理论课。可以说，思想政治理论课是高校大学生进行马克思主义教育和品德教育的主渠道和基本环节，对大学生的德育教育具有不可替代的作用。当然，我们不能就此怀疑思想政治理论课存在的意义，问题的原因在于，德育载体的模式化、思想政治理论课教育的庸俗化使马克思列宁主义没有发挥应有的威力。加强高校思想政治理论课建设，充分发挥课堂的主渠道作用，不仅是将德育作为一种知识传授，而是针对大学生群体的特点，发挥教育在人格塑造方面的积极作用，把德育教育传承下去。党的十九大报告围绕“优先发展教育事业”做出新的全面部署，明确提出：“建设教育强国是中华民族伟大复兴的基础工程，必须把教育事业放在优先位置，深化教育改革，加快教育现代化，办好人民满意的教育。”由此可见，教育对学生的成长成才起着重要作用。大学生德育工作，学校是主阵地，学校教育对德育工作起着知识支撑、理论支撑和智力支撑的基础性作用。高校对大学生进行德育教育不是可有可无的事情，而是塑造人们灵魂的工作，要认真制订教学计划，通过思想政治理论课以及人文社科、自然科学等课程，培养大学生有理想，刻苦学习，胸怀大志；有抱负，热爱祖国；有雄心，视野开阔，以天下为已任；能吃苦，坚忍不拔，百折不挠；有大爱，视天下劳动人民为兄弟姐妹。如果当代大学生具有以上精神，就一定可以为中华民族的发展做出贡献。课堂教育，要把大学生的德育教育放在合格人才培养的高度上给予重视，思想政治工作的整体工作中要切实加入德育教育的课程，做到德育教育进课

堂、进教材、进大学生头脑，要在课程中突出德育教育问题，以丰富的教学内容、灵活的教学模式、全方位地对大学生进行德育教育，从而使德育教育贯穿于高等学校教育教学的全过程。

第三，失重的德育载体体系。德育遵循着自身的运作规律，只有掌握了德育规律，构建和谐的德育载体，才能发挥德育功能，实现德育目标，而这个载体建构不单单是一个框架，而且是一个德育因素各环节、功能的有机整合系统，只有构建具有灌输、实践、领悟、感化、参与、管理、咨询等功能相结合的德育载体系统才能真正提高德育的实效性。古语曰：“独木不成林。”任何一种载体，无论是网络、多媒体，还是报纸、广播、宣传栏，尽管它们有各自的优势，但毕竟单一载体的作用是有限的。

比如，我们只依靠网络或多媒体，大学生与德育工作者缺乏直接的交流，教育者不能够了解学生的真实想法，仅凭网络上的信息是不能够全面了解学生的真实情况的；再如，在教师授课的情况下有些学生不愿意将自己的真实想法当着很多同学的面讲出来，在这种情况下，教师也很难做到对症下药。以上这些问题究其原因就是缺乏与此目标相配套的系统的载体建构。因此，载体立体互动就显得尤为重要，载体间的互动教育能够实现互补性，使各种载体形成一种“合力”，确保德育教育的效果达到最佳。

（二）高校德育载体存在问题的原因探析

1. 社会环境因素

首先，中西方的文化冲击。世界政治格局多极化、文化发展多样化，各种思想文化相互激荡，加大了国与国、民族与民族、人与人之间跨文化交流的广度与深度。大学生是素质较高的人群，但思想不够稳定、意志不够坚定、可塑性强同样是当代大学生的特点，因此，高校要正确引导大学生认真学习党的十九大精神，使大学生接受社会主义核心价值体系观念，使德育工作更好地深入到大学生的思想意识中，大力加强大学生德育教育工作。

其次，大众传媒的影响。网络载体已成为大学生获取信息、学习交流的重要渠道，它既为大学生德育教育提供了新的途径，同时也带来了巨大挑战。网络载体也使得教育国际化，借鉴吸收了一些西方的思想观念、思维意识等，对我国大学生造成了一定程度的影响。网络是一柄双刃剑，它在给德育教育带来极大便捷的同时，也可能带来一些始料未及的负面影响。较之于传统传媒载体，网络赋予人们以较少的限制和更多的自由，因而在网络空间尤其要倡导德育教育中的“自律修身”和“慎独养性”观念，提倡网络上的道德责任践履，防止网络行为中的滥用自由，放弃伦理责任和道德约束；除此之外，也需要设立相关法律管理体系，使网络真正成为人类在高科技时代的精神家园，成为高校德育教育的健康力量。

2. 学校教育因素

一是高校在进行德育教育的过程中，过分强调“灌输”，教学理论论述过多，学校应将大学生德育教育纳入教育教学全过程，结合大学生社会实践活动，让大学生拥有锻炼自己、认识社会的机会，从身边小事做起，使德育教育由抽象变为具体，使大学生在现实生活中真切感受到德育的伟大力量，这样才能更好地进行德育教育。二是要加强高校教师的师德建设。《礼记》中记载：“师也者，教之以事而喻诸德者也。”《论语》中说：“德之不修，学之不讲。”可见，教师的道德素质直接影响着大学生的道德素质，教师要以身作则，通过自身的人格魅力在思想和情感上潜移默化地影响学生、教育学生。三是以课堂教育为主渠道，创造优秀的文化作品鼓舞学生，整合一切社会资源，使学生在当前多元文化的背景下，真正认识到德育的重要性。

3. 家庭环境因素

当前的在校大学生，大多是 20 世纪 90 年代和 21 世纪 00 年代出生的独生子女，他们是幸福的一代，正赶上我国改革开放的大好时代。在这样优越的环境中成长，很多孩子受到父母的溺爱，很多学生不够独立，缺乏集体主义精神，经常以自我为中心。

同时，一些大学生在生活上追求品牌，在观念上缺乏艰苦奋斗的精神，在学习上怕吃苦。在家庭中，家长更要与社会和学校配合，完成对大学生的艰苦奋斗精神教育，使大学生认识到今天的幸福生活来之不易，美好的生活要靠他们去拼搏、去奋斗，应培养他们具有无私奉献的精神、开拓创新的精神；家长应从家庭角度，培养他们博爱、感恩之心，使大学生领悟到自己身上所肩负的历史责任，为实现中华民族伟大复兴贡献自己的力量。

4. 学生自身的因素

大学生是继往开来的一代，是振兴中华的中坚力量，是实现社会主义现代化的主力军。他们朝气蓬勃，具有创新精神，但由于年龄、经历的限制使大学生辨别是非的能力不强，自律能力差，有很大一部分学生意志不坚定，没有形成主导性价值观，容易受到西方价值观念和主流意识的影响，随着社会上各种思想、各种热点问题的变化而变化，从而容易产生对德育载体辨别不清等现象。因此，大学生要实现“自我教育、自我管理、自我服务”，最终做到能对一些社会现象、热点问题进行深层次分析，找到其根本原因，真正做到不要被表面现象所迷惑。

五、加强高校德育载体建设的几点设想

（一）巩固已有载体

我国高校德育在长期的探索中，已经形成了一些行之有效的载体，如校园广播、班集

体、社团报纸、宣传栏等，这些载体在高校德育中发挥了重要作用。但是，当今世界日新月异，一些传统载体对于飞速发展的世界形势无所适从，弱化了载体应有的效能。因此，面对新形势和新情况，这些传统的德育载体必须在内容、形式、方法、手段、机制等方面努力进行创新和改进，特别要在增强时代感，加强针对性、实效性、主动性上下功夫；要发挥各自的特色，把握大学生的兴趣爱好和性格特征，做到让他们愿意看、愿意听和愿意读，增强德育载体的吸引力和凝聚力。

（二）发展新兴载体

当今时代是信息的时代，科学技术的发展给我们进行德育提供了新的载体，如多媒体、网络、可视电视等。这些载体具有时效性、传输速度快、容量大、便捷省时、节约成本、减少师资的优势；同时，它们也存在一些负面因素，如缺乏双向直接交流的机会，不能及时给予个别指导等。总的来说，这些新兴载体的积极作用还是主要方面，因此，我们不能因噎废食，应该在继承和发扬优良传统的基础上，创造条件，大力发展多媒体、网络、可视电视、卫星教育等载体，并积极探索和发挥其长处，同时有效防止其负面作用的发生。

（三）积极探索载体嫁接

载体嫁接不同于载体间互动，尽管它们的目的是一样的，即发挥彼此的最大作用。但是，载体嫁接不是通过彼此间互动来发挥 用的，而是通过把一种载体嫁接在另一种载体上，形成一种复合载体来发挥作用的。任何一种事物，都有一定的局限性，高校德育载体也不例外。因此，通过载体嫁接实现载体的最优化必将有助于载体发挥其德育作用。当今时代高科技的迅猛发展，为我们进行德育嫁接提供了科技手段。比如，可以实现报纸网络化、电视网络化，也可以建立大学生个人与德育工作者的专用联系通道，加强有针对性的教育。

第二章　高校德育教育的体系构建

德育教育一直是高校的重点教育内容，在学校各方面的努力下，高校德育教育取得了丰硕的成果，但也存在一些问题，这些问题对于进一步推进德育教育工作产生了负面影响。因此，为了提高高校德育教育的实效性，增强德育教育的影响力，我们迫切需要开辟更多德育教育工作的路径。本章围绕高校德育教育的体系构建展开分析。

第一节　高校德育教育的对象

一、高校德育对象的内涵

高校德育的对象就是大学生。大学生的概念，从一般意义上说是指“在高等学校读书的学生”；但从广义上讲，应该包括已经获得高等学校毕业证书的学生，因为从字面上看，既可以理解成“在大学读书的学生”，也可以理解成“大学毕业的学生”。比如，过去我们经常会听到这样的话，“我们单位新来了一位大学生”，还有如“大学生村官”等说法，指的基本都是后者。我们在研究教育对象时所说的“大学生”系指在校大学生。大学生之所以“大”，也是相对于中小学生而言的。大学生是一个人数众多却依然独特的群体，因其跻身于被人们称为“象牙之塔”的高等学府，拥有较为渊博的知识、前沿的思想，被列入高级专门人才或精英人才行列而备受人们关注。这一特定的教育对象的本质特征如何，成长过程中的差异如何，价值行为取向如何，德育工作者首先必须有一个全面而正确的认识，如果缺乏对教育对象的深切了解和清醒认识，就很难洞察其思想道德行为背后的动因，并对其思想道德问题进行准确诊断，也就很难找到正确的教育对策以取得最佳的教育效果。

（一）大学生是具有自然属性和社会属性的人

按照美国人本主义心理学家马斯洛需求层次理论，人有从低级到高级的五种需要，即：生理需要、安全需要、爱和归属需要、尊重的需要和自我实现的需要。在人的五种基本需要中，生理需要、安全需要主要来自生理的需要，是低层次的需要；爱和归属需要、尊重的需要和自我实现的需要来自社会性需要，是高层次的需要。人只有在满足了低级需要（比如饥饿的需要）之后才有可能去追求更高级的需要（比如自我形象的需要）。马斯洛理论对德育工作的重要启示在于：大学生属于正在发展中的人，有做人的基本权利和尊严，应该得到应有的尊重；大学生有发展的需要，尤其是高层次需要，应该得到支持或满足。从伦理学角度看，德育中教育者与受教育者是一种人与人之间的关系，不是人与物的关系。从课程教学论角度看，德育活动是一种人与人之间的活动过程，德育活动的本质应是师生之间、生生之间为了协调、沟通、达成共识、联合力量去某一个目的而进行的相互作用的过程或交往过程。因此，教育者不仅要尊重自身的生命价值，更要尊重学生的生命价值和生命自由。要以人格平等、尊重他们的主体地位、关注他们多方面的成长为前提，引导他们摆脱人性的偏狭、残缺及自我贪婪，实现对学生理想人格的塑造及良好道德品质的完善。要关心他们，帮助他们，努力满足他们爱的需要、自尊的需要、审美的需要、发展的需要。

（二）大学生是一群亟待发展的人

应该说，从中学到大学，他们完成了人生道路上一次重大转变，但进入大学门槛只是走向成功的一个新的开端，大学学业的完成、道德品质的提升、素质与能力的增长尚有待自身的继续努力。从社会期待角度看，他们的素质素养如何、道德品行如何，直接关涉到国家公民素质的高低、社会主义接班人培养的质量，甚至关系到中华民族伟大复兴的神圣使命。我们应充分认识当代大学生所应肩负的历史重任、他们身上所蕴含的巨大的潜力潜能，站在全面而自由发展的高度，推进他们的健康发展、持续发展和全面发展。马克思主义创始人在研究人的全面发展理论时明确指出，“我们的出发点是从事实际活动的人”，并主张“从现实的、有生命的个人本身出发”来研讨人类和社会的发展问题。大学生的全面发展必然体现着对理想人性、理想道德人格的追求。高校德育要高度关照大学生内在精神世界的修养，就必须按照时代发展及个体自我的需求，根据人的可塑造性、人的发展性，充分调动他们认识的和实践的主观能动性，在培养能力素质的同时，促进个体道德品质的内化及精神境界的提高；要充分认识到大学生的潜能和不足，针对不同的学生群体采取不同的教育方法，引导他们确立崇高的人生理想，塑造健全的个性，推进他们的充分发展与主动发展，进而促进他们的全面发展。

（三）大学生是高校德育的主体

马克思说：“人始终是主体。”人的主体性决定了在高校德育中大学生不单是被规定的对象，而是有追求、有进取、有主动发展意识的，能凭借自身理性去审视，去自主选择、自主发展的主体。高校德育的实施及要取得良好效果，必须注重弘扬学生的主体性和主体地位。弘扬学生的主体性，首先，要注重德育观念的转变，即从他律式德育向自律式德育转变，从认知式德育向实践式德育转变，从封闭式德育向开放式德育转变，从接受式德育向参与式德育转变。其次，要尊重学生的地位与价值。在德育过程中，要尊重学生的人格与个性发展，以学生的兴趣与需要为出发点，关注学生的情感世界和感性领悟，助推人性的自我完善与良好德行的养成。再次，要注重激励、唤醒学生的主体意识。要努力激发学生的内在动力，让德育活动成为主体的生命欲求和创造欲求，使学生在获得尊重和实现自我发展中增强主体意识。最后，创设民主环境，培养主体意识。要鼓励和引导学生参与民主管理实践，让学生在实践中增强独立性。实践证明，当把学生作为教育主体进行德育活动时才能更好地实现德育目标。总之，高校德育必须树立科学的理念，依据德育对象的内涵特征，采取适当的教育对策，服务于学生的发展，促进学生的自我完善。

二、当代高校德育对象的新特点

（一）当代高校德育对象思想政治状况的主流

据 2015 年高校学生思想政治状况滚动调查表明，当前大学生思想主流持续积极健康向上。该项调查证明：高校学生充分信赖以习近平同志为核心的党中央治国理政能力，高度认可“四个全面”战略布局，对中国特色社会主义和中国梦的理论认同、政治认同、情感认同进一步深化。广大高校学生坚决拥护党的领导，拥护社会主义制度，对实现中华民族伟大复兴的中国梦充满信心，显示出较高的理论自信、道路自信、制度自信和文化自信。高校广大学生具有浓厚的爱国情怀，心系国家发展与民族利益，高度关注国内外政治经济热点问题，高度认同社会主义核心价值观，具有高度的社会责任感和强烈的成才愿望，迫切需求提高思想道德素质和服务社会的综合能力。他们的政治心态日趋成熟，政治鉴别力不断增强。

（二）当代高校德育对象思想政治状况的时代特征

不同的社会历史时期，高校德育对象所表现出的思想政治状况是不同的，每一个历史阶段都具有鲜明的时代特征。当代大学生处于经济全球化、社会主义市场经济的不断完善以及高等教育体制改革不断深入这一特定的历史时期，因此他们在政治意识思想观点、道德和价值观念上表现出了新的时代特征。

1. 政治意识积极化

当代大学生的政治思维日益走向成熟，对党的方针、政策、路线有积极的认同，对社会主义现代化建设充满信心。他们积极、自觉地参与社会实践，通过社会实践，认识国情、认识社会，以实际行动践行“中国梦”的伟大实践。他们的政治关注意识不断发展，政治敏锐度不断提高，民族自尊心不断增强，在国家大事面前，他们具有自觉担当、勇于向前的爱国热情。抗震救灾、生态文明建设、抗日战争胜利纪念活动等都不乏学生积极参与的身影。当然，也有相当一部分学生政治观念淡化、政治思维僵化、政治鉴别力弱化，还有少部分学生受经济利益驱动和不良社会思潮影响，出现了政治信仰的危机。

2. 思想意识多元化

改革开放以来，社会经济政治的变革、社会思想的活跃、社会思潮多样化的趋势，必然引发大学生思想意识的变化。一方面，市场经济的开放性、竞争性、效益性、选择性、功利性，催生了大学生的开放意识、效率意识、维权意识和自我实现的意识。面对新的社会变化和新的思想观念的冲击，许多大学生迫切希望通过自身的努力实现自我价值，其开放意识、效率意识、成才意识、独立意识、法律意识明显增强。另一方面，在市场经济的趋利性及不良的社会思潮的影响下，也有相当一部分大学生产生了个人主义、享乐主义、拜金主义等有害的思想观念。思想意识的多元性显示了学生在思想追求方面的不平衡性和发展层次差异的现实性。但实际上，这也是学生整体进步的表现。

3. 道德观念多样化

社会思想意识的多样化存在必然反映在高校校园里，反映在大学生群体中。大学生道德观念上的重要变化轨迹之一就是主流道德观念与非主流道德观念、传统道德观念与现代道德观念、民族的优秀的道德观念与西方发达国家的道德观念的多样化并存。社会上存在多元化道德观念，就当代社会的发展而言并不奇怪，它对于打破一元化观念具有一定的积极意义，就解放人的精神空间、释放人的发展自由、促进人的个性发展，无疑具有重要作用。但任何事物的发展都具有两面性，“多元”是相对“一元”而存在的，既是对“一元”的补充、调整、稀释，也含有对“一元”的冲击和否定。就对传统道德规范、道德观念的冲击而言，其影响不可低估。现实社会中经常出现的一些违法乱纪现象，在某些历史时期是不可想象的。从某种意义上说，某些社会现象的出现本身就是对传统道德观念甚至是道德底线的挑战。就大学生存在的多样化的道德观念来说，一方面，有利于大学生思想观念的解放，在复杂的事物面前能够做出理智的判断与选择；另一方面，也易于造成大学生道德观念的迷失甚至道德沦丧。由于大学生的道德价值判断能力尚处于不断发展与完善之中，因而，不同的道德观念的矛盾与冲突会在相当部分大学生的行为中体现出来，这就需要德育工作者依据道德观念多样化的走向选择适宜的教育方式。实际上，多元化的影响当然还不止如此，多样化的道德观念必然带来个性的解放与个性的张扬，这对教师的角色转换、教育教学过程的组织、教育教学管理机制的建设都提出了新的课题，值得我们深入思考。

4. 价值观念个性化

道德观念的多样化并存，实际上说明大学生在道德价值判断上增加了选择性，自我选择的空间在扩大，因而在道德价值取向上必然带有强烈的个性化色彩。大学生价值观的核心逐渐由社会本位向个人本位偏移；价值目标由理想主义向现实主义转变，价值观念的个性化色彩似已成为新的难以抗拒的潮流。实际上，市场经济行为主体利益化、社会思想观念多样化的发展环境必然会起到塑造当代大学生独特的个性化品格的作用，助推他们重视自我、彰显自我，追求自我完善和自我价值的实现。可以看到，多数大学生善于独立思考，注重自身素质的培养和提高，追求自我管理、自我发展；在对待个人与社会、义与利、奉献与索取等问题上，试图寻找最佳的结合点，他们在强调社会价值的同时，也更加关注个人在社会、集体中的价值和认可度，更加注重自我价值和个性的张扬。当然，也有部分大学生片面追求个人利益的最大化和个人价值的实现，与集体和社会的要求相距甚远。

第二节　高校德育教育的原则

德育原则是根据教育目的、德育目标和德育科学规律提出的指导德育工作的基本要求。德育原则指导着德育工作的各个方面及其整个进程，对制定德育大纲、确定德育内容、选择德育方法、运用德育组织形式等都有指导作用。

德育过程中存在很多矛盾关系，其中一些矛盾关系是基本的。德育原则就是用以正确处理和解决德育过程中基本矛盾关系的基本要求。对德育过程中基本矛盾关系的正确处理和解决，能有效地实现德育内容，实现德育目标，最后达到教育目的。

一、知行统一原则

这个原则要求德育既要坚持马克思主义理论教育，又要重视实际锻炼，既要提高学生的品德认识，又要使学生做出相应的品德行为，以便把理论和实际、知和行统一起来。

（一）提出的依据

认识是行动的先导，提高学生品德认识的目的在于指导学生的品德行动。没有正确的理论指导就不会有正确的行动。学生的品德是在活动和交往的基础上形成和发展起来的。因此，高校的德育必须以马克思主义理论武装学生，提高学生的品德认识水平，以指导学生的正确品德行动，防止盲目行动的产生和错误行动的出现，同时加强实际品德行为的锻炼和训练，以便学生在活动和交往中使理论认识不断巩固、加深和发展，防止其变成空洞的教条。只有这样才能使学生品德的知和行统一起来，促使其品德的知、情、意、行全面和谐地发展。

（二）贯彻时的要求

1.联系实际，讲清理论。社会主义学校应该对学生进行系统的马克思主义基本理论教育和社会主义政治、法纪及道德规范教育，以使学生掌握马克思主义关于世界、社会、人生、道德问题的基本立场、观点和方法，掌握社会主义思想政治准则和法纪道德规范，掌握明辨是非、真假、善恶、美丑的正确标准，并学会运用它分析、评价、解决社会现实生活中，包括自己思想行为中的问题，从根本上提高学生的社会主义品德认识及能力水平。进行这种教育的中心环节是要搞好显性的德育性质课程的教学，同时要注意通过各门文化课教学来进行，还要注意通过各种显性的活动课程和隐性的课程来进行。否认系统的马克思主义基本理论教育的观点是错误的。但是，这种教育必须紧密结合社会主义现代化建设的实际，学生的学习、生活和品德实际，现实的社会生活实际，当然也包括历史的实际，特别是今天生动的事例，以使学生的品德认识奠定在丰富可靠的感性材料的基础上，使系统的理论教育成为有血有肉、生动活泼、有的放矢的说理，要防止空洞的说教。

2.组织学生参加多种实践活动。学生的主要实践活动是学习。各种各样的集体活动也是学生重要的实践活动。同时也要组织学生参加一些工农业生产劳动、公益劳动和社会政治活动。组织学生参加这些活动，对学生进行实践教育，能在实践活动中提高认识，陶冶情操，锻炼意志，坚定信念，培养良好的行为习惯，并引导学生运用理论去分析、评价、解决实践活动中的思想道德问题，锻炼学生的思想，培养学生分辨是非和解决思想道德问题的能力。

3.教育学生言行一致、知行统一。教师要引导学生把学到的社会主义思想道德的基本观点、原则和规范转化为自己的品德动机和信念，并贯彻到实际行为活动中，在实践中身体力行，反复训练，克服思想上和行动中的各种困难和障碍，养成良好的品德行为习惯，做到言行一致、知行统一。

二、说理疏导与纪律约束相结合原则

这个原则要求德育坚持说理启迪，疏通引导，启发自觉，调动学生的积极性，同时辅之以必要的纪律约束，以使学生品德健康发展。

（一）提出的依据

学校德育的实质是培养学生的良好品德，而学生良好品德的形成和发展又充满矛盾和斗争，处理和解决他们头脑中的品德矛盾和斗争既需要教育者过细工作，又需要学生自觉主动地努力，因此教师应把学生当作主人，通过说理启迪、讲清道理、疏通引导、启发自觉调动其积极性。切忌简单粗暴、讽刺挖苦、侮辱谩骂，更不可体罚和变相体罚。在说理疏导的同时还要伴随必要的规章制度的约束和引导，以使他们健康成长。

（二）贯彻时的要求

1.正面说理，疏通引导，启发自觉。教师要通过摆事实、讲道理，使学生掌握马克思主义的基本理论，并经过疏通和引导，启发学生自觉地分清是非、真假、善恶、美丑。只有这样才能使学生知理、明理、讲理，打通思想，改过迁善，提高品德认识水平。那种不讲道理、压服学生的办法，最多只能使学生口服，但不能使学生心服，不能真正解决学生品德培养和矫正上的任何问题，因此必须避免、克服。

2.树立先进典型，用正面榜样教育引导学生前进。在德育工作中，我们不仅要向学生宣传全国的英雄模范人物，而且要特别注意宣传学生中的先进典型，不仅要有“三好”的典型，而且要树立各种类型、各个方面的先进典型，特别是要注意发现、培养和树立后进变先进的典型，通过先进典型的榜样形象，辅助说理教育，激发学生的上进心，教育、引导、激励他们前进。与此同时，可以适当地选择一些具有说服力的反面典型和事例教育学生，以此作为他们思想行为的警戒，并增强正面榜样的教育、引导、激励作用。

3.以表扬为主，批评为辅。在德育工作中，教师要坚持以表扬为主，批评为辅，利用学生的自尊心和积极向上的心理，鼓励他们不断前进，抑制不良思想行为的产生和发展。

4.建立必要的规章制度，把说理疏导与纪律约束结合起来。规章制度是思想政治准则和法纪道德规范的具体化，规定着学生应该怎样做和不应该怎样做，它不仅带有正面引导的性质，而且具有一定的强制约束性，这对正处于成长阶段而未成熟的青少年学生来说是十分必要的，是培养他们自我品德控制能力和良好品德行为习惯的必要手段。因此，学校应该建立必要的规章制度，并教育学生自觉遵守，以便把说理疏导和必要的严格的纪律约束结合起来。

三、尊重热爱与严格要求学生相结合原则

这个原则要求德育既要热爱学生，尊重和信任学生品德发展的内在要求和可能，又要向学生提出合理的、严格的要求。

（一）提出的依据

人都是有自尊心、自觉能动性的。只有人格和能力受到尊重信任，学生的主动性、积极性和创造性才能得以充分发挥。在社会主义条件下，人民是国家的主人，每个公民的人格、权利和能力都应得到尊重。大学生单纯、热情、积极向上，如能得到教师的尊重和信任、关心和鼓励、严格的要求和教育，那就会充分发挥自己的聪明才智，发展自己的个性，努力提高自己的品德水平，从而健康成长。否则就会扭曲他们的个性和人格，严重阻碍其个性和品德的发展。

尊重热爱与严格要求学生是辩证统一的。没有德育要求就没有品德教育。没有对学生的尊重信任就不能有效地对学生进行品德教育，同时也不可能提出更高、更严格的德育要求。苏联教育家马卡连柯说：“要尽量多地要求一个人，也要尽可能地尊重一个人。”我们对个人所提出的要求，就表示对个人的力量和能力的尊重；而在我们的尊重里，同时也表示出我们对个人的要求。也只有对学生严格要求，教师才能获得学生的尊重，建立自己的威信，才能为有效进行品德教育创造条件。只有尊重、信任学生，才能真正了解学生，才能提出切合学生实际的要求。也只有与严格要求相结合的对学生的尊重热爱，才能激起学生的自尊心、上进心和自信心，才能成为一种鼓舞力量，才能促使学生克服困难，自觉履

行教师提出的德育要求，并在执行过程中逐步形成坚强的意志和性格。

学生的品德形式是由知、情、意、行几个因素构成的，情感是师生相互沟通的纽带，只有尊重热爱学生，才能促进师生感情融洽，才能把教师的德育要求转化为学生内在的品德发展的要求，并通过品德情感的“催化”，促进学生的品德认识转化为品德信念和意向，进而转化为品德行为习惯。

（二）贯彻时的要求

1.尊重信任学生。教师要尊重学生的人格和权利，尊重学生的自尊心、上进心和自信心，尊重学生的力量和能力，对学生健康成长的可能性充满信心。教师要以平等的态度对待学生，做学生的知心朋友。教师还要虚心听取学生的意见，尊重学生对教师所提的批评意见和合理化建议。教师对于学生提出的正确意见要虚心接受，不正确的意见要耐心解释。特别是对待后进生，要尊重他们的人格，不能歧视他们、挖苦他们和伤害他们的自尊心；要相信他们能够克服品德中的缺点和弱点，改正错误的品德认识和行为，成长为具有社会主义品德面貌的社会主义现代化建设的有用人才，不要认为他们是不可救药的害群之马，打入另册，不管不教。

2.对学生的品德行为进行监督。教师对学生品德中的缺点错误要进行严肃的批评和教育，决不能因为其事小，或因其年轻而原谅、姑息，要防微杜渐，从小教育好。对学生的热爱不是溺爱，尊重信任不是无原则的迁就放任。无原则的宽恕、怜惜和放任自流只会使学生错误的品德行为不断蔓延滋长。“严是爱，松是害，不管不教要变坏。”

3.对学生提出严格要求。教师要根据学校的德育目标和学生原有的品德水平，提出正确、适当、明确、具体、有序、有恒的德育要求。“正确”是指所提德育要求是科学的，符合教育目的和人民利益、愿望、要求的，合情合理的，这是首要条件和根本前提。无理要求，不合情理，收不到积极的教育效果，因为它要么行不通，要么会把学生引入歧途。“适当”是指所提德育要求符合学生身心特点和品德实际水平，既不太高，也不太低，是学生经过努力能够做到的，这样就能帮助学生树立信心，引导他们不断前进。要求提低了，起不到教育作用，会打消学生的积极性；要求提得太高，学生做不到，不见效果，也起不到教育作用，久而久之，反而会使学生失去信心。“明确”是指所提德育要求有确定的意义和内容，能使学生明确地感知和理解，而不能含糊不清，模棱两可，使学生不知如何做才好。“具体”是指所提德育要求具有具体实在的意义和内容，而不能是抽象的空洞的一般化的要求。“有序”是指所提德育要求是有计划、有步骤地提出的，是先易后难逐步提高的，其意义和内容之间是具有纵和横的内在联系和顺序的，从而组成一个系统连贯、循序渐进的体系，逐步形成学生良好的思想感情和行为习惯。

“有恒”是指德育要求提出后要坚决贯彻执行，坚持到底，抓出成效。为此，提出德育要求前一定要深谋远虑，切实保证德育要求是正确、合理的，符合学生实际。德育要求一旦提出后就要坚决认真地贯彻执行，经常检查督促，要求学生做到。如果所提德育要求朝令夕改、反复无常、任意改变，或虎头蛇尾，有始无终，或信口开河、言而不行，只有一般号召，没有检查督促，放任自流，这样的德育要求就会失去严肃性、教育性，起不到任何作用。久而久之，教师就会在学生面前失去威信，并使学生养成口是心非、敷衍塞责的不良思想作风和行为习惯。

四、德育影响一致性和连贯性原则

这个原则要求各种教育力量互相配合，协调一致地对学生施加统一的、系统连贯的德育影响。

（一）提出的依据

学生品德是在多方面教育影响下形成发展的，其形成和发展具有顺序性和阶段性。因此，不同教育阶段的德育要求和内容应该有所区别，但在总的教育发展方向、进程上又要互相衔接，连续不断，组成一个完整的体系。学校、家庭和社会团体应该配合一致，系统连贯地对学生施加统一的德育影响，这样才能取得良好的德育效果。如果各方面德育影响不统一，或者前后教育不连贯，德育影响就会互相抵消，就不能有效地引导学生向前发展，甚至会造成学生思想上的混乱、行为上的矛盾，使之无所适从，阻碍他们发展，影响德育效果。

（二）贯彻时的要求

1.校内各方面德育影响要一致。学校应在校长的领导下，统一校内各方面教育力量，使全体教职工和各种学生组织按照统一的培养目标、德育要求、内容和计划，分工合作，共同对学生进行教育。在一个班级，班主任、各科教师和团队组织对学生的德育影响必须一致，特别是班主任要积极主动地争取各科教师的配合，各科教师要自觉地承担起教书育人的责任，管教、管导，既教书，又育人，明确教书是手段，育人是目的、是根本，从而紧密配合班主任做好德育工作。

2.学校和家庭的德育影响要一致。学校要发挥专门教育机构的职能，同学生家长进行多种联系，向家长宣传教育科学知识，介绍学校教育的情况，共同分析研究学生的表现，对家庭德育进行指导，协调一致地做好学生的品德教育工作。

3.学校与社会的德育影响要一致。学校要采取措施，对社会的影响加以调控，把社会中的积极因素组织到德育中来，特别是学校要与校外教育机关及社会有关部门、团体加强联系，共同研究、协调对青少年的教育，指导学生的校外活动，安排好学生的假期生活，开展学生喜爱的活动，充分发挥校外教育机关和各部门、各团体的教育作用，使社会德育与学校德育相一致。

4.加强德育的计划性和连贯性。德育内容的确定和安排既要考虑社会主义思想道德的科学体系，同时又要尽可能地切合学生品德发展的顺序和水平。要注意使小学、中学、大学之间以及各年级之间，在德育要求、内容、方法和活动上，既有所区别，又加强联系，互相衔接，使之前呼后应，逐步加宽和加深。各种内容的教育和各种德育活动的开展都要有计划、有系统地进行，使之既有内在逻辑联系和连贯性，形成一个不断扩展和加深的进程，又有条不紊地顺利进行。

5.把经常教育和集中教育结合起来。德育的系统连贯性与坚持性是紧密联系的。对学生的品德教育应一以贯之、连续不断、持之以恒地经常进行，以使学生的品德从微小的量变发展为质变。对学生的思想和行为要经常检查和督促，帮助其提高认识正确行动，并坚持到底。同时要根据形势任务的需要和学生中出现的带有普遍性的或重大的品德问题，有针对性地集中重点地进行某一方面的教育，以帮助学生解决品德认识上的问题，扫清前进中的障碍，并促使学生的品德发生某种程度的质的变化。在德育工作中，连续性的经常教育是集中教育的基础，是主要的；而集中教育是经常教育的必要补充和继续，也是不可缺少的。集中教育可以扫除经常性教育中的障碍，并促使学生品德的部分质变；而经常教育可以巩固集中教育的成果，促使学生品德继续发生量的变化和积累。因此，经常教育和集中教育是互相联系、互相促进的，是辩证统一的，二者应该结合进行。

第三节　高校德育教育的过程

一、德育过程概述

任何一个活动都表现为活动主体与客体按照一定的目的与要求，以适当的方法，并通过适当的途径，在一定时间、空间条件下，相互联系、相互作用的运动形态。学校德育过程则是在特定的时间与空间中的展开。与传统德育过程相比，现代德育实施的平台也从专门的学校场所扩大到网络空间，现代德育过程因而具有更大的开放性。为此，要认识德育过程的特点和规律，不能停留在对德育过程做静态的单一的考察水平上，而是对其做动态的、全方位的考察，在德育过程的运动变化、发展中，找出其中运动、变化、发展的根本原因。

过程是指事物进行或事物发展所经过的程序。具体而言，过程乃是现实世界中的事物或活动产生、发展、变化的连续性在时间和空间上的展开。19 世纪德国哲学家黑格尔曾经对过程进行过论述，他认为，世界不是一成不变的事物的集合体，而是一个过程的集合体，其中各个似乎稳定的事物以及它们在我们头脑中的思想印象即概念，都处于生成和灭亡的不断变化之中。其中，黑格尔特别强调了过程的动态生成特性，这一思想得到恩格斯的高度认可。恩格斯指出：“黑格尔第一次……把整个自然的历史和精神世界描写为一个过程，即把它描写为处在不断的运动、变化和发展中，并企图揭示这种运动和发展的内在联系。”

现代社会条件下的学校德育实施，与传统的德育过程相比，无论是从形式还是内容上看，均有了较大的变化。特别是进入新媒体时代，新媒体时代所具有的开放性、平等性与双向和多向互动特点，使现代学校德育打破了过去的时间与空间上的限制，“全球化”德育、“全方位”德育、“全过程”德育、“全员参与”德育无论从时间上还是空间上都比过去有了更大的可能性，并具有更为复杂的特点。现代德育不再是一种孤立的现象，也不再是一个单纯的封闭的活动，而是一个历史的、发展的、开放的结果，是其普遍本质在新的历史条件下的全面展开。因此，要认识现代德育过程，必须从德育过程的一般性质出发。

二、德育过程的界定

过程概念具有抽象和具体两种属性。从宏观角度来看，它表示一事物在整个时空中的运行和展开，是一个总体过程，表现出开放性与无限性。从微观角度来看，它指事物在局部时空中的运行与发展，是一系列具体的过程，表现出渐进性与阶段性。从两者的关系来看，宏观过程与微观过程是相互联系的。两者构成一对包容与体现的关系，即总体过程包含着各个具体的过程，每个具体过程的运行又使得总体过程最终得以体现。

一般认为，德育过程即教育者对受教育者实施的思想品德教育的过程。具体来说，德育过程是以促进受教育者思想品德形成、发展为目标，教育者与受教育者共同参与、双向互动的教育活动过程。现代德育过程更强调了教育者与受教育者在德育过程中共同接受道德影响并促使自身道德发展的特点。就普遍意义而言，社会主义学校德育过程是教育者根据社会主义条件下受教育者自身的生理和心理特点与发展的要求和受教育者思想品德的形成规律，以及社会主义社会对年轻一代在思想道德方面的要求，启发、引导和指导受教育者能动地认识、体验和践行道德精神，接受社会主义思想道德，培养良好的思想品德心理，发展其道德判断、道德选择能力的教育过程。

德育过程从宏观上看，贯穿人的一生，涉及人的生活的方方面面；从微观上看则专指学校教育中具体的道德教育过程。而且，从过程的特点来看，学校德育过程不只是受教育者接受思想道德教育的过程，也是教育者与受教育者双向互动的教育与受教育过程，其间也包含了教育者在德育过程中接受道德影响并提升自身道德境界的过程。

三、德育过程与其他内容的关系

（一）德育过程和其他各育过程的区别和联系

从学校教育的整体教育过程来看，教育过程是一个多方面、多层次的复杂系统，按照不同的分类可以划分为具有一定内在联系的各具体教育过程。如按学校教育的基本组成部分划分，学校教育过程可分为德育过程、智育过程、体育过程、美育过程、劳动技术教育过程。

对德育过程的研究正是要探索其独特的内在规律性与区别于智育过程及其他各育过程的特殊性。在认识德育过程的特殊性上，国内学者做过不少探索，先后提出了德育过程的自觉性、目的性、复杂性、广泛性、社会性、可控性、多端性等多种特点。这些提法从不同的侧面描述了德育过程的属性，有积极的意义。但是，这些属性并非德育过程所特有，因而很难说是德育过程区别于智、体、美等育的特征，而要说明德育过程特征，应从分析德育过程的特殊矛盾出发，从教育目标上和依据的规律方面揭示与其他各育过程的区别。这些区别表现在如下方面。

第一，教育目标上的区别。德育过程是培养与塑造道德主体的过程，这一过程中要解决的主要矛盾是受教育者思想品德的现有发展状况与现代社会所提出的德育目标，即道德行为主体应具备的思想品德要求之间的矛盾。德育过程的目标是促进受教育者德行发展，形成稳定与良好的思想品德结构，自主地解决科学的世界观与人生观等态度与情感问题。智育过程的目标是要求受教育者掌握一定的知识、技能，发展智力、能力，解决如何具体认识世界、改造世界的问题，或者说要解决知与不知、懂与不懂、会与不会的问题。而德育过程围绕着受教育者的生活而展开，并立足于受教育者的道德实践，解决善与恶、利与害、信与不信、愿与不愿的问题，即要解决好个人与他人、与集体、与社会、与自然的关系问题。体育过程的目标是指导学生学习一定的体育知识、体育技能，并通过反复的筋肉活动和身体的锻炼以增强体质，提高身体素质。美育过程的目标则是要培养感知美、鉴赏美、创造美的能力，以培养受教育者的审美意识、审美情操。

第二，德育过程所依据的规律不同。德育过程主要依据的是个体思想品德形成与发展的规律；智育过程主要依据个体的认识活动规律；体育过程依据的是受教育者生理发展的规律与技能技巧的掌握规律；美育过程则以受教育者审美能力的发展规律为依据。

（二）德育过程和思想品德形成过程的区别和联系

德育过程与思想品德形成过程是一对既相联系又相区别的概念。从某种意义上说，德育过程的最终归宿就是要使受教育者形成一定的思想品德，而就受教育者思想品德的形成过程而言，学校德育过程不是唯一的影响因素，还有家庭、社区、社会等环境影响因素，既有现实的、平面化的学校教育，同时也包括虚拟的、立体化的网络影响。德育过程的重要性在于它有最大的可能按预定的目的、受教育者思想品德形成规律并协调多方面的影响，促进其品德发展。德育过程与思想品德形成过程实质上是教育活动与素质发展的关系。

将德育过程与思想品德形成过程相区分，并不是要把两者根本割裂开来。德育过程是教育者与受教育者双方的，也是双向的活动，但受教育者思想品德的形成，并不完全受学校德育的制约。如前所述，受教育者思想品德的形成，还要受到多种环境因素的影响。受教育者的思想品德形成过程，实际上受着两种影响：一是学校德育影响；二是校外环境影响。就广义的环境而言，学校德育也是环境的一部分，但是为了探讨德育规律，有必要把学校德育影响以及学校德育之外的环境影响区别开来，而有无明确的目的性是区别学校德育影响和校外环境影响的根本标志。德育过程有明确的目的，因而是自觉的影响过程；环境影响无明确目的，是自发的影响过程。一般来说，德育影响对促进思想品德形成的作用是积极的，当然不排斥也可能有消极影响。环境影响则具有两面性，既有积极的，也有消极的。德育影响过程是有意识组织起来的，是可控的、正式的影响。环境影响因素极其广泛，而德育影响因素相对来说，则不那么广泛。德育的根本目的就在于促进受教育者良好思想品德的形成，而对于德育之外影响学生思想品德发展因素的认识，使教育者有可能努力把德育影响之外的因素置于控制之下。

四、德育过程的规律与基本矛盾

德育过程存在多种规律与矛盾，正是这些规律与矛盾推动着德育过程的运行与发展。

（一）德育过程的一般规律

前面我们指出，德育过程论或德育过程研究的任务是揭示德育过程的本质和德育的规律。那么，我们在探讨了德育过程诸方面的一般性质之后，还应进一步探讨德育过程的基本规律。

德育过程的运动、发展、变化是有规律的，这些规律是教育基本规律在学校德育过程中的具体体现与反映。认识和掌握这些规律，并按照这些规律设计、组织开展和管理德育活动，是提高学校德育实效性的根本保证。

列宁说："规律就是关系……本质的关系或本质之间的关系。"按此理解德育过程中的规律便是德育过程内在的本质的必然的关系或联系。德育存在的关系很多，诸如师生关系、生生关系、师师关系等等。这些关系中，有些是本质的、必然的，有些是非本质的、非必然的；有些是基本的，有些是非基本的；有些关系贯穿于整个德育过程的各个阶段、各个方面。如何找到最基本的、本质的关系是德育过程研究理论中的一个重要问题。

关于德育过程的规律问题，过去人们常常从教育过程的角度进行研究，应该说具有一定的参考价值。但是，还不能明确学校德育过程的规律特殊性，因而有必要对其进行专门研究。

为了正确把握德育过程规律，首先需要区分德育过程规律与思想品德形成规律。

我们认为，如同德育过程与思想品德形成过程既有联系又有区别一样，德育过程的规律与思想品德形成的规律，也是既有联系又有区别。德育作为人类有目的的实践活动是一种社会现象，而思想品德作为个性品质则是个体现象。尽管两者不能做截然的区分，因为社会总是由个体组成的，而个体的人又总是社会的人。但是，由于社会认识客体上的差异，两者在德育论中是两个既密切联系又不同的基本理论问题：个体思想品德形成规律的揭示，是品德论的任务；而德育规律体现在德育过程之中，是由过程论来揭示的。又由于两者在"德"字上相联系，成功的德育总是指德育实践所期望的思想品德在受教育者个体身上形成。但是这里的规律就不单单是受教育者个体思想品德的形成规律，而是教育者的施教活动成功地引起受教育者思想品德变化的规律。

（二）德育过程的基本矛盾

德育过程的基本规律究竟有哪些，人们进行了不同的研究，提出了多种规律，我们在此探讨的是德育过程中最根本的规律，并以此探讨德育过程的具体展开。我们认为：德育过程的基本规律是教育者在德育过程中代表社会所提出的思想品德要求与受教育者现有思想品德发展现状之间的矛盾运动。

德育过程中存在诸种矛盾。这些矛盾至少可有三个层次：第一层次是德育过程与外部环境影响的矛盾；第二层是德育过程内部的矛盾；第三层次是德育过程中主体（教育者、受教育者）自身的矛盾。

在德育过程所涉及的各种矛盾关系中，规定德育过程性质的，应当是德育过程的内部矛盾，但是这些内部矛盾也是复杂的，因为它们是德育过程各要素形成的。这些矛盾有教育者与受教育者之间的矛盾，教育者与德育内容、德育方法之间的矛盾，受教育者与德育内容、方法之间的矛盾，等等。在这些矛盾中，教育者与受教育者之间的矛盾是主要矛盾。这两者之间的矛盾主要表现为教育者代表社会所提出的，体现社会道德发展需要的德育要求与受教育者思想品德现有发展状况的差距之间的矛盾。

这一矛盾既是德育这一实践活动存在的条件，解决两者间的矛盾也是德育实践的目的。同时，也正是这一对矛盾关系，决定着德育过程区别于其他各育过程，也决定着德育过程内部其他矛盾的解决。也就是说，解决教育者与德育内容、德育方法之间的矛盾等等，都是为了解决施教与受教之间的矛盾。

施教与受教之间的矛盾，相对于受教者自身德行发展说是外因，外因要通过内因起作用。受教育者发展自身道德的愿望与受教育者原有道德水平的差距，这是我们所说的受教育者自身的内部的矛盾。这一矛盾运动的过程，就是思想品德发展的过程。

假如受教者没有形成发展自身道德的愿望，受教者对施教者的活动根本不做出反应，那么也就不会有两者之间的矛盾运动，没有受教者在德育活动影响下的道德发展。这样德育过程就与思想品德发展过程联系起来了。德育过程与这一过程中思想品德形成发展的关系，就在于德育过程的矛盾须通过受教育者自身的思想品德发展矛盾起作用，而受教育者的内部矛盾又是在教育活动的作用下形成的，而不是自发形成的。

由此我们认为，激发受教育者主体的道德需要，构成德育过程中施教与受教之间积极的矛盾运动，是德育过程应遵循的基本规律。

五、现代德育过程的实施

德育过程是指德育活动开展、实践的过程，但并非具体指某一个具体的德育开展过程，这些具体过程体现在各种专门的学校德育课程教学、团队活动、班主任工作以及其他学科课程教学等活动之中。尽管如此，我们能够从具体的德育过程中抽象出体现在德育过程中的普遍活动方式。这些普遍的共同活动方式对于实际的具体的德育过程有着重要的指导意义。

（一）德育过程实施的基本环节

任何一种事物的发展过程总是阶段性与连续性的统一，德育过程也是如此。事物发展过程的阶段性体现为事物发展由各个环节组成，在德育过程中，同样包含着一些共同的环节。这些环节是德育过程共同具有的，也是现代德育过程得以展开的依据。关于德育过程的起点或者开端问题，人们的观点因研究的视角不同而有所差异。总的来看，对德育过程的起点的描述大体上有两种情况：以教育者的行动为起点；以受教育者接受教育的开始为起点。德育过程不是受教育者自发的自我教育过程。因此，从系统观来看德育过程，教育者仍然是德育系统运作过程的主要策划者和控制者。

德育过程的基本环节是指教育者与受教育者按事先科学安排的步骤，进行施教与受教的基本顺序和阶段，是整个德育过程展开与运行的一般时间模式。德育过程的基本环节包括如下几个部分。

1. 准备阶段

德育准备是指在德育过程展开与运行前期所做的各种预备工作，它是德育过程实施的前提和基础。具体包括以下几个方面：

（1）研究与领会中小学德育课程标准、教材及其他有关资料，了解德育对象的实际情况。

（2）设定与明确每一个德育过程的具体目标。

（3）选择与确定德育过程实施的具体内容。

（4）设计教学方案，选择科学的施教的方法与途径，特别是要科学利用网络这一平台对受教育者实施德育。

2. 实施阶段

这是德育过程的具体展开与运行阶段，步骤如下。

（1）帮助学生做好心理准备。向受教育者提出道德要求，激发学生进行道德学习的动机与激情，这是受教育者接受教育影响的前提。

（2）德育过程的具体展开。通过各种教学与实践活动帮助受教育者提高道德认识，形成道德需要，培养道德意志。

（3）指导受教育者进行自觉的道德实践，引导受教育者从道德认知到道德行为的转化，培养其作为道德主体的道德践行能力。

3. 评价阶段

这是整个德育过程中必不可少的反馈阶段，它是对德育过程进行综合调控的基础。德育评价的核心是品德评价，它包括对受教育者的道德认识、情感与行为等方面的评价。德育评价也包括对整个德育过程的各个步骤、措施、方法、形式等各个方面进行评价。

4. 综合调控

德育过程具有整体过程与局部过程相结合的鲜明特点。在德育过程的时间和空间的展开运行之中，如何实施各具体的局部过程，以保持其与总体过程在目标与方向上的协调一致，成为至关重要的环节。综合调控便是试图通过对各个局部德育过程实施所获得的结果进行认真的测评和分析，达到对既定设计和实施进行调整和控制，以更好地优化德育过程各结构之间的连接。

此外，对德育过程实施调控之所以必要，是因为德育过程的目标虽然经过科学周密的设计，但是，它毕竟是对在一定时空中展开与运行的过程的预先假设。而这种假设能否达到预期的目的，往往通过过程的实际操作结果而显示出来，对预期目标的调整和修正必须以这种客观的结果为基础。德育过程的调控包括宏观的整体与微观的局部调控两个方面。

（二）现代德育过程实施的基本原则

正确地组织德育过程是有效地实施德育的基本条件，而能够正确地组织德育过程，就必须遵循反映德育过程本质及其规律的原则。现代德育过程的实施应遵循如下主要原则。

1. 开放性与完整性相结合

德育过程的开放性要求教育一方面以开放的心态冲破传统道德教育的封闭，领会中国传统文化中对于道德的真知灼见的理解，展示传统道德中的丰富的一面；另一方面又以开放的态度对待已发生的因社会变革而带来的道德上的变化。开放式的道德教育不是以封闭禁锢学生的头脑和思想为目的，而是以促进学生的道德思维能力，特别是独立思维和批判性思维的能力，发展学生自己的道德观为目的。任何试图用一种单一的道德教条和道德信仰体系教育学生，并采取一切可能的措施迫使学生接受这些教条和信仰的做法，都只会阻碍学生理智和道德的发展。德育过程的开放性原则要求作为道德教育内容的价值准则和规范系统必须向学生开放，接受学生理智的检验，使学生的道德观点经过自己的理智思考而自由选择。也就是说，不仅应该承认一切道德价值体系都是在吐故纳新中求得发展的，没有一成不变的道德真理，而且还要承认学生的道德发展过程也是一个不断抛弃旧的道德观点、接受新的道德观点的过程。

此外，现代德育过程理论认为德行是个体的完整的人格特征。个体的道德发展以受教育者的自觉的生命实践活动为基础，是受教育者在日常生活实践中完整生命活动的展开。

作为道德发展的主体，受教育者的身心是一个完整的统一体，他们的个体性、主动性、完整性在德行上是统一的。所以，德育过程不能只着眼于德行的单一方面，更不能只是强调单向的道德知识的接受与片面的行为操练。否则，个体道德的健全发展就是不可能的。

2. 集体教育与个别教育相结合

组织德育过程，首先要面向全体学生，向集体提出共同的道德要求。教育者首先要教育集体，培养集体，形成良好的集体风气与氛围，并通过集体的活动、舆论、优良风气、优良传统来教育个人。集体一旦形成，就会形成一种无形的教育力量，对集体中的个人施加潜移默化的影响。同时，教育者也要注意通过教育个人来影响集体的形成与发展。教育者个人和受教育者集体共同教育、影响个人，教育集体与教育个人同时、平行地进行。

3. 热爱、尊重、信任学生与严格要求相结合

热爱、尊重、信任与严格要求是辩证统一的，两者相互联系、相辅相成。对学生的尊重与热爱是所有教育得以开展的基础，也是德育能否真正取得实效的关键所在，而严格要求则是促进受教育者道德发展的保证，离开了对受教育者的严格要求，就谈不上受教育的有效的道德发展与进步。热爱、尊重、信任学生应注重以正面引导和发扬学生的优点、长处为主，同时帮助学生克服他们身上存在的消极因素，借助发扬其积极因素克服其消极因素。

4. 德育影响的一致性与连贯性相结合

德育影响的一致性和连贯性是指在学校德育过程中家庭、学校、社会三方面的教育力量协调一致，系统地发挥整体影响的教育作用。这是由于影响受教育者思想品德形成因素的广泛性和社会性所决定的。

德育影响的一致性指的是影响受教育者思想品德的各方面因素和力量的协调一致，互相配合。德育影响的连贯性则是指德育过程运行的计划性和系统性。德育过程系统是一个与外部社会相互影响、相互作用的开放系统，如何利用各种外部因素，形成教育的合力，成为现代德育所面临的迫切的现实问题。为此，作为学校教育来说，首先，应保持校内各方面的教育影响的一致，充分发挥学校德育的主导作用，成为学校德育的整体优势。其次，应密切联系家庭和社会，统一协调各方面的教育影响，积极组织学生进行社会实践，培养受教育者的道德思维和践行能力，同时，也应起到优化外部环境的作用。最后，要根据受教育者的身心发展特点，不断地提出适时、适度的要求，并将这种要求贯彻到底。

第四节　高校德育教育的队伍

一、高校德育队伍的内涵

德育队伍是高校德育系统工程中发挥主导作用的要素，是根据高等教育培养目标和中国特色社会主义事业发展的客观要求，对德育对象进行系统的马克思主义理论和思想政治教育，培养他们成为具有正确的政治观、世界观、人生观、价值观及良好的道德品质和法纪意识的人。“中央 16 号文件”指出：“思想政治教育工作队伍是加强和改进大学生思想政治教育的组织保证。大学生思想政治教育工作队伍主体是学校党政干部和共青团干部，思想政治理论课和哲学社会科学课教师，辅导员和班主任。”由此可见，高校德育工作的质量不仅取决于高校德育工作者的个人素质，而且取决于德育队伍的整体状况。德育是教育大系统的有机组成部分，在教育实践中，德育、智育、体育、美育、劳动技术教育及心育是相互渗透、不可分割的有机整体。所以，每位教育工作者都是当然的德育工作者。全体教师只有都具有明确的德育责任、德育意识，才可能在德育系统不断开放的进程中成为学生品德形成的主导力量，否则就有失去学校德育阵地的危险。笔者认为，德育队伍应该是一个扩大意义上的概念，就高校具体而言，应该包括专职德育工作者队伍、德育理论研究及课程教学队伍以及兼职德育工作者队伍。

（一）专职德育工作者队伍

专职德育工作者队伍是高校德育的主要力量，是德育工作的骨干和核心，指那些专门负责领导、组织和实施学生德育工作的党、政、工、团各级组织和各部门工作的人员，这支队伍通称政工干部和学生辅导员，他们都以德育为自己的主业。具体包括学校党委分管德育工作的副书记，学校分管德育工作的副校长，学工部、宣传部、团委及各个分管德育工作的院（系）党委（总支）副书记、副主任以及专职团干部、辅导员、班主任等。专职德育工作者队伍是学校德育总体规划的设计者和实施者，他们的主要作用是贯彻党的教育方针和密切联系学生思想的实际，制订德育计划，直接从事德育工作并组织兼职德育人员和其他教育者，采用灵活多样的形式和方法，调动受教育者的积极性，认真、有效地实施德育计划，实现德育工作的各项具体目标。

（二）德育理论研究及课程教学队伍

德育理论研究及课程教学队伍主要是指那些专门从事思想政治理论课教学和研究的

教师。这支队伍通称高校“两课”教师，他们在政治上坚定可靠，具有深厚的马克思主义基本理论修养，具有扎实的思想政治教育理论基础，具有较强的科研能力和组织教学、教育活动的能力。他们同时担负着直接用马列主义、毛泽东思想、邓小平理论和“三个代表”重要思想、科学发展观和习近平新时代中国特色社会主义思想武装青年学生头脑，帮助学生学会运用马克思主义的立场、观点、方法观察问题、分析问题和解决问题的任务。此外，他们还通过教学研究，帮助学生掌握科学的思想品德修养方法，不断提高辨别是非的能力和抵制西方消极不良思想侵袭的能力，从而坚定青年学生对马克思主义的信仰、对中国特色社会主义的信念、对党和政府的信任以及对中华民族伟大复兴的信心。另外，“两课”教师还负有加强德育科学研究、丰富发展德育科学理论的重任，为德育系统提供科学的理论依据，指导德育工作的实践活动，并兼有帮助德育专职工作者提高理论水平的任务。

（三）兼职德育工作者队伍

兼职德育工作者队伍是指专职德育队伍以外的其他力量，主要包括除专职德育队伍以外的教育工作者、德育理论及课程教学以外的其他学科教师等。在行政系统中从事管理工作的人员，在教室、实验室、图书馆等岗位上直接从事与教育教学活动相关的辅助人员，以及在资产管理、后勤医疗服务等岗位上的其他专业技术人员，都是学校实施德育的广泛的、重要的力量。各学科的任课教师具有人数多、分布广，文化课知识、专业理论知识和技能娴熟，随时可结合本学科教学渗透德育的优势，他们同样发挥着潜移默化的德育作用，体现了全方位落实“教书育人”“管理育人”“服务育人”的良好理念。同时，社会力量也是学校德育队伍的有效补充。充分发挥社会力量的作用，可以使学校德育融入学校、家庭、社会的大德育体系中，实现德育的整体化、系统化、社会化，可以增加学生社会实践的机会并提高德育质量。

在三支队伍中，专职德育工作者队伍具有协调、调动、安排其他德育队伍和其他力量的作用。只有将上述三支德育队伍紧密结合，才能更好地发挥德育队伍的整体功能，从而实现全员育人。

二、高校德育队伍的功能

（一）教育引导功能

教育引导功能是指高校德育队伍通过制定德育政策、制度及教学管理、纪律制度考核和奖惩措施等手段，因势利导，有领导、有计划、有步骤地对德育对象开展马克思主义中国化最新成果和社会主义核心价值观“进课堂、进教材、进头脑”的系统教育的功能。教育引导功能是高校德育队伍的核心功能。坚持教育引导功能，要紧紧围绕立德树人的根本任务，以培养学生良好的思想素质和道德品质为中心，通过功能的发挥，努力使学生既能掌握马克思主义基本理论，又能以马克思主义理论为指导解决实际问题。新形势下，高校德育队伍要充分发挥教育引导功能，必须注重方式方法的创新，努力改变单纯说教的传统模式，不仅要告诉学生“是什么”，而且还要指导学生懂得“为什么”，帮助学生学会“怎么做”，着力启发自我、自觉，引导实践，从“授人以鱼”的传统教育引导功能向“授人以渔”的新型教育引导功能方向拓展。为此，当代高校德育工作者不能仅满足于进行理论灌输和教育活动，而要进一步加强对青年学生思维观念、思考方法的引导。具体来说，德育工作者既要着重研究高校德育与国内外社会环境、社会发展及高校师生的思想品德素质要求的适应性，又要着重研究德育教育的群体与个体关系；既要坚持宏观上对整个被教育群体的教育引导，又要重视对不同个体的个别指导或辅导。总之，高校德育队伍教育功能向引导、辅导方向拓展，走出传统的封闭、狭窄的“说教”天地，广泛汲取系统方法、控制方法、目标方法、信息方法等适应新形势需要的科学技术理论和方法论，具有十分重要的现实意义和长远意义。此外，高校德育教育还要善于借鉴相关学科的理论知识，如教育学、心理学、伦理学、社会学、政治学等，运用一切有利于德育教育的现代教育工具和理论模式，形成德育教育发展综合化的认识论，进一步拓宽、拓深德育的教育引导功能。

（二）管理服务功能

管理服务功能是指高校德育队伍运用德育教育的特殊手段，通过德育工作的特定渠道和方法，对德育对象在重大是非原则问题上进行教育疏导，对他们的健康成长给予关心，并给他们的工作、学习和生活排忧解难的功能。

管理服务功能是高校德育队伍的基本功能。应当说，改革开放以来，高校德育队伍在为师生的工作、学习、生活等方面做了大量服务工作，尤其在为学生成长、成才方面做出了巨大贡献。但在新形势下，高校德育队伍的管理服务功能还须进一步拓展。原因有三方面。首先，科学发展观要求德育教育的内容、任务，应当更多地以服务形式和载体来实施，在实施服务的过程中有效地渗透德育内容。其次，高校在办学机制方面的不断改革，使得学校将越来越多地赋予学生在专业学习上的选择权、自主权。特别是全国高校普遍实行学分制后，学生在校内可跨班、跨年级、跨系选修课程，有些相关学校甚至允许学生相互跨校选修。传统的班级管理、教育模式开始弱化，学校的教学管理和学生的需求和愿望出现了前所未有的新情况，这些都迫切要求高校德育工作必须贴近社会经济发展对人才培养的要求和学生的成才愿望。最后，立德树人的根本任务要求高校德育工作应当突出为培养合格人才服务。为此，高校德育工作者应当进一步强化服务意识，拓宽服务领域，对学生的服务不能仅停留在一般的释疑解惑和简单的排忧解难层次上，要在深化高等教育综合改革的新形势下，进一步完善服务手段，努力构建促进学生健康成才的服务体系。

要根据新时期青年学生的身心特点，热情指导他们如何正确认识自己、正确对待他人，学会集体生活，正确处理好各种人际关系。在重视对青年学生进行思想政治素质、科学文化素质、道德品质素质、能力素质等教育训练的同时，也重视对他们进行心理健康教育。在德育理论和德育实践的过程中要多融入教育学、心理学、社会学、伦理学等方面的知识和实践，突出心理疏导在德育方面的重要地位，更好地为培养学生健康的人格和健康的心理服务。要借鉴国外大学在心理健康教育方面的好的做法，如设立“学生辅导中心”“学生成长中心”或“学生顾问”等，并更多地聘请教育学、心理学、伦理学、社会学等方面的专家对学生进行学习指导、心理疏导以及日常生活、社会生活和人际关系方面的辅导。

（三）实践育人功能

“高校德育队伍是一支特殊的队伍，因为他们的教育直接指向学生最深层次的精神需求，他们身上承载着特殊的政治使命。这种特殊性决定了我国高校德育队伍建设不能照搬照抄别人的经验，只能在实践中摸索，在创新中前行。”[①] 实践育人功能是指高校德育队伍把实践作为德育的有效载体和检验评估德育绩效的标尺，通过划出一定比例的教学时间，在教育教学过程中组织德育对象开展社会考察、调研，参与各种社会实践，使他们在实践中成长成才的功能。实践育人功能也是高校德育队伍的一项重要功能。近年来，高校德育队伍越来越重视德育实践活动的组织和指导，在人力、财力、物力上都加大了投入。但是，从总体来看，高校德育队伍的这种实践功能，与新形势下高校深化综合改革的要求，与改革中人们思想认识、价值观念变化和成才需求相比，还须进一步拓展和扩大。为此，要从充分尊重师生的自主、自立精神，热情支持师生的交往参与意识，切实关心师生的自身发展和成才需要等方面，拓展德育队伍的实践功能。首先，要有组织、有计划地开展拓宽知识视野、提高实用技能的课外讲座或系列培训活动，提高师生特别是广大青年学生服务社会的能力；其次，要建立和完善大学生社会实践活动的组织运行与服务机制，努力使社会实践活动适应社会发展的新形势和新要求，指导学生在各种实践中获得自我发展的能力；最后，与社会各级政府、部门建立广泛联系，以“共建”“联办”等多种形式，跨院校、跨地区建立社会实践基地，努力探索社会实践活动的日常化、项目化和阵地化，更好地发挥高校德育队伍的实践育人功能。

三、高校德育队伍建设的现状

随着教育的发展，高校德育队伍建设得到大大加强，队伍的年龄结构、职称结构、学历结构、专业结构等逐步优化，其工作水平和质量不断提高，为保证高校实现自己的培养目标，保证办学的社会主义方向，稳定高校局势等做出了重要贡献。但是，在高校德育队伍建设的进程中，由于对高校德育队伍建设重要性认识理解不一，以及一些校内校外因素的影响和干扰，目前，高校德育队伍建设还存在一些问题，严重干扰和制约着这支队伍的

① 王英权. 新形势下加强高校德育队伍建设的探索与思考[J]. 现代交际，2014（9）：251-251.

发展，主要表现在以下几个方面。

（一）对高校德育队伍建设认识不到位

高校德育队伍是高校教师队伍建设的重要组成部分，它和高校的教学、科研、后勤等队伍建设一样，是不可缺少的。它在保证高校办学的社会主义方向，保证党的教育方针在高校的贯彻实施，保证学生德智体全面发展等方面，具有独特的功能和作用，是其他几支队伍所不能替代的。近年来，一些高校对此认识不足，在一些领导和教职工中还存在一些模糊认识和错误观念。一是认为高校德育队伍可有可无，这种思想认为高校在培养人才的过程中，德育是软指标、软任务，要不要无关大局，故德育队伍建设要不要都行。二是认为德育队伍建设是党委的事，校行政没有责任。三是认为德育队伍中什么人都可以加入，德育工作什么人都能干，不需要多少知识。这些不正确的认识导致一部分学校中把一些搞教学、科研工作不行，搞管理也不得力的干部、职工派去搞德育工作，造成这支队伍素质低下。

（二）高校德育队伍“独立作战”

高校德育工作是高校工作的重要组成部分，是实现高校培养目标的基本要求。对于高校德育工作，不仅社会、家庭负有重要责任，而且学校各部门必须齐心协力，齐抓共管，密切配合，协同作战，形成综合的德育格局，形成较强的德育“合力”。而在现实的高校德育工作中，一些学校不仅和社会、家庭联系配合不够，而且学校内部也不协调，甚至存在较多的“内耗”。比如有些同志认为，德育是校党委的事，只要党委认真抓好就行了，校行政系统只忙于教学、科研、后勤等方面的管理就行了，不用再抓德育工作，从而形成德育工作在相当部分高校中存在“两张皮”现象，党政界限分明、协调不够，特别是忽视和淡化了校行政系统的德育职能。另外，在党委系统中，也存在配合不够、协调不力的现象，把德育工作仅仅看作是几位专职德育干部的事，不主动配合和支持。由于上述原因，许多高校的德育工作，往往是少数专职德育干部“单兵作战”，影响和制约着德育的效果和质量。

（三）数量不足、队伍不稳、后继乏人

党和政府非常重视高校德育队伍建设，多次发文就高校德育队伍建设提出许多具体的措施和要求，为加强这支队伍建设奠定了基础。但由于多种原因，目前这支队伍从数量和质量上都亟须加强。特别是在建立和发展社会主义市场经济体制的进程中，在一些市场经济“负面效应”的影响下，高校德育干部队伍中的享乐主义、个人主义思想时有滋生，一些干部的人生观、世界观和价值观存在这样或那样的问题，在社会上一些消极腐败现象的影响下，追求高消费，贪图安逸享受，片面追求个人价值的实现，从而“跳槽”“下海”而脱离德育队伍。另外，由于高校自身的原因，如从事德育工作不被重视、校内分配不

公、职称待遇低等原因，造成德育干部心理压力大，经济生活水平低，工作环境和条件差等，从而使一些人思想不稳定，想方设法去搞业务和其他方面的管理工作。由于上述校内外各种因素的影响，目前高校德育队伍数量不足、队伍不稳、后继乏人的现象十分突出，应引起高度重视。

四、高校德育队伍的培养与提高机制

（一）树立全员德育意识

高校德育工作是一项复杂的系统工程，社会、家庭、学校都要负责任。对于高校来讲，社会和家庭环境对于青年学生的影响是十分重大的。因此，全社会都要关心高校德育工作，都要关心青年学生的健康成长。总之，就是要消除腐败现象和不正之风，净化社会风气，倡导和建设健康、文明、高尚的社会道德风尚，形成良好的社会德育大环境。对于高校内部来讲，对于青年学生的德育工作，各部门都要负责任，都要围绕学校德育大目标，找准自己的位置和着力点，密切配合，协同动作，形成全力。学校的每一个职工，从校党委书记、校长，到教师、工人，都是德育工作者，他们的一言一行、一举一动都会对青年学生产生一定的影响。因此，在当前条件下，增强全社会和学校每一个成员的德育意识，创造优良的德育大环境是非常必要的。

（二）加强领导，理顺关系

加强高校德育队伍建设是学校工作的重要组成部分，学校党政领导都要重视，并切实改进和加强。高校德育队伍要和高校的教学、科研、后勤等队伍建设一样，党政齐抓共管，投入必要的人力、物力和财力，培训骨干，落实政策，改善工作和生活条件。同时，要严格要求、严格管理，特别是在思想政治品德方面，对德育队伍的要求和管理要更高、更严。

在实际的德育工作中，还要认真解决德育和智育、体育分离的问题，彻底消除“两张皮”现象，寓德育于智育、体育及管理等各项工作中去，达到“润物细无声”的功效。

（三）适应市场经济体制，加快改革和发展

高等教育作为教育的重要组成部分，属于上层建筑和意识形态领域的范畴。根据马克思主义经济基础决定上层建筑的基本原理，可以看出高等教育要适应经济基础的发展和需要。在社会主义市场经济条件下，高校必须适应社会主义市场经济的需要，培养发展社会主义市场经济急需的各种人才，培养能自觉抵制西方敌对势力“西化”和“分化”的图谋、积极参与国际竞争的高级专门人才。为此，随着形势的发展，高校德育的思想、观念、内容和方法等要不断变革，高校德育队伍建设的目标、条件和要求也要不断调整和更新。因此，高校德育队伍建设和德育工作都要进一步解放思想，转变观念，不断深化改革，扩大

开放，确立“大德育”的时间观念、空间观念，构建“大德育”的管理体系、内容体系和方法论体系。用科学的德育理论武装德育队伍，指导德育工作。

（四）建立严格的选拔、招聘机制

要建设一支专兼结合、素质优良、业务精湛的德育队伍，必须把好“入口关”，建立科学有效的选拔制度，把较高素质的人选拔出来，防止低素质者的进入。建立健全选拔、招聘机制是高校德育队伍建设的前提和基础。

建立健全选拔、招聘机制，重点是制定正确的选人标准。首先，选拔的对象要有过硬的政治素质。这个政治，是指马克思主义的政治，是建设中国特色社会主义的政治，具体包括政治方向、政治立场、政治观点、政治纪律、政治鉴别力、政治敏锐性。

德育工作者只有讲政治，才能保证把党的基本理论、基本路线、基本方针和各项政策贯彻到实际工作中去，从而防止和排除各种错误思想、错误倾向的干扰，使高校德育朝着正确的方向发展。其次，选拔的对象要有知识、有才干。

高校德育的主要对象是有一定文化知识的大学生，能否将他们培养成为未来社会主义现代化建设事业的接班人，与德育工作者的知识结构和能力水平密不可分。德育工作者应当具备的知识包括专业文化知识、马克思主义与思想政治教育的理论知识，以及对提高学生全面素质有益的各种知识。当然，选拔的对象还要具备传播知识，实施德育活动，促进成长的能力，以有效发挥其作为德育主体地位的作用。当下，科学技术日新月异，信息技术迅猛发展，选拔对象还应具有创新精神和敏锐的思维能力，以面对复杂的内外环境，适应新形势、新情况、新任务。最后，选拔的对象要有从事德育工作所特有的个性特征和人格魅力，如爱岗敬业、无私奉献、富有激情、充满活力等。因为德育工作与其他教学管理工作不完全一样，后者重于“教”与“管”，而德育更重“育”；后者主体与客体之分明显，且难以相互转化，而德育的主客体在一定条件下可以相互转化，而且主体的素质涵养和言行举止本身就对客体有着潜移默化的影响，这就是所谓“言传身教”。

建立健全选拔、招聘机制，要制定并坚持正确的原则，使用科学合理的方法。正确的原则如自荐与推荐相结合的原则、双向选择的原则、公开择优选拔的原则等；合理的方法如任命、推荐、招聘、考核等。只有坚持正确的原则并使用合理的方法，才能取得最佳的选拔、招聘结果。

建立健全选拔、招聘机制，在当今尤其要努力实现社会化、公开化的公平竞争，从长远看还要尝试实施政工师上岗许可制度。现在律师、会计师，包括一般教师等都已建立了严格的选择制度，持证上岗，德育工作者的上岗和资格确认也应逐步向这方面过渡，实施政工师上岗许可制度，从而把严“入口关”。

（五）建立科学的管理机制

加强内部管理是德育队伍建设的关键。

首先，要根据社会发展的具体要求，建立一套行之有效的约束管理制度，对德育队伍的素质、职责、待遇、奖惩以及招聘、培训、转岗、提拔等做出明文规定，并通过制度建设，达到优化队伍组合、加强队伍建设的目的。新形势下，尤其要建立相对稳定和合理流动的制度，既要保持队伍的相对稳定，以便积累经验，提高整体素质和工作水平，又要看到队伍的正常流动是必要的，也是优化队伍结构的需要，两者不可偏废，关键是要制定制度，明确要求，区别情况，严格把关，妥善解决。

其次，要完善激励机制，调动队伍的积极性，增强队伍的活力和生机。从辩证唯物主义的观点来看，客观事物的发展总是不平衡的，我们的事业正是在先进与落后、积极与消极、光明与阴暗的矛盾运动中不断发展和前进的。因此，我们在奖励先进时，还必须鞭策后进，批评消极和阴暗面，切实把奖惩很好地结合起来。西方管理学和心理学中的需要层次理论、成就需要理论等，从不同的角度强调了满足人的需要对于激励所起的重要作用。亚当斯的公平理论更是认为一个人所得的报酬的绝对值与其积极性的高低无直接的、必然的联系，只有一个人所付出的劳动与所获得的报酬的比值，与同等情况下的参照人相比较，主观上感到公平合理，才会真正调动人的积极性。西方将激励理论所形成的激励机制建立在对人的心理分析上、对人的各种需要的满足上，这一点值得我们借鉴。因此，完善激励机制，重点是要正确处理物质鼓励与精神鼓励的关系。德育工作者在做学生的思想政治工作时要处理好物质鼓励与精神鼓励的关系，而对德育工作者本人的激励也要采取唯物主义的态度，建立物质鼓励与精神鼓励相结合的激励机制，使在思想政治工作中做出突出成绩的先进集体和先进个人获得应有的奖励，享受应当享受的待遇。在现时代更要从思想上激励德育队伍，注意提高他们的思想理论水平。同时从生活上激励德育队伍，帮助德育工作者解决生活中存在的实际困难，为他们排忧解难，使他们安下心来，积极努力地把工作做好。当然，在正面激励的同时还要建立健全惩戒和约束机制，对不认真履行工作职责，甚至工作失职，造成严重后果的德育工作者，要追究其责任。只有做到奖惩分明，才能够更好地发挥良好的导向作用，极大地调动广大德育工作者的积极性、创造性，为德育工作做出努力，干出实绩。

最后，要建立科学的考核、评估体系。没有考核就没有管理。建立科学的考核评估体系也是德育队伍培养、提高的重要环节。建立考核制度要做到三点。一是要坚持一切从实际出发，根据本地区、本部门、本单位的实际情况制定符合实际的考核制度，要有针对性，有的放矢，对症下药，不能“一刀切”，反对脱离实际的主观主义与形式主义的种种做法。二是要做到定量与定性相结合。德育考核和评估工作是对德育活动开展情况、完成质量做出定性的结论和定量的估计评价。它必须是兼具科学性与严肃性的工作。在实际工作中，对德育工作效果的考核评估难度较大、较复杂。因此，德育考核、评估工作要科学化、规范化和制度化，坚持定性分析与定量分析的结合，这是推进德育工作发展的客观要求。三是要注重“四个结合”，即素质考核与业绩考核相结合。既注重对德育工作者政治态度、思想作风、知识水平、工作能力及事业心、责任心的考核，又注重他们的工作实绩，从“德、能、勤、绩”四个方面进行全面考核；组织考核与群众考核相结合。既要发挥职能部门的作用，由相关部门按一定的组织程序考核，又要组织群众进行民主评议，以保证考核的客观性；年终考核与平时考核相结合。既要一年一度集中考核，又要结合平时工作开展经常性的检查和督促，使考核经常化、制度化；考核与奖惩、任用及职称评聘相结合。考核的过程和结果要达到激励的目的，促进德育工作者总结经验、发现问题，不断提高。

（六）建立完善的培养、教育机制

建设一支优秀的德育队伍，不仅要做好选拔、管理工作，更要注重建立完善的培养、教育机制。

首先，要科学制定培养目标和计划。德育队伍的培养与教育本身就是一个系统工程，必须以科学的目标为指导，才能明确工作方向。培养与教育目标的制定既要着眼于德育队伍素质现状及现阶段乃至未来相当长时间所承担的任务，又要考虑实现目标的现实条件，如物质条件、精神条件等，还要考虑实现目标的社会环境。当前，德育队伍培养与教育的总体目标应该是：通过培养与教育，使德育工作者成为具有坚定的马克思主义信仰，中国特色社会主义理论自信、道路自信、制度自信以及社会主义核心价值观的引导者、践行者；成为党的基本理论知识及科学文化知识的传播者；成为科学把握教育规律，促进工作对象身心发展的教育者。培养计划是培养目标的具体化，包括培养的时间、步骤、人员、内容、组织机构等。培养与教育要严格按照计划有序、有效地开展，计划实施过程中要经常检查计划执行情况，及时发现问题，根据变化的情况做适当调节，使计划更完善。计划实施后要总结经验教训，为下一次培养工作目标的制定提供依据，使今后的培养与教育工作开展得更好。

其次，课程设置和教育内容要规范化。针对思想政治教育专业的培养目标、特点和要求，思想政治教育应当设置思想教育、政治教育、道德教育、法纪教育等四大类内容。广义的思想教育指关于政治、法律、道德、哲学等方面的思想观念的教育，狭义的思想教育指世界观、人生观、价值观教育；政治教育主要包括马克思主义理论和党的基本路线、方针、政策教育及形势政策教育、爱国主义教育等；道德教育在现阶段主要指公民基本道德教育、社会主义核心价值观教育、职业道德教育、家庭美德教育等；法纪教育一般指社会主义民主教育、社会主义法制与法治教育、纪律教育等。思想政治教育这四个方面的内容应当是相互联系、相互渗透和相辅相成的。其中思想教育是整个思想政治教育的关键，制约和影响着教育对象的政治态度、道德观念和法纪意识，关系到他们观察、分析和处理问题的根本出发点和态度；政治教育是整个思想政治教育的核心，始终把坚定正确的政治方向放在人才培养的首位，是我们党和政府历来十分重视和强调的，政治教育对人的道德观、法纪观等同样起着很重要的制约作用；道德与法纪教育是思想政治教育的根本，思想政治教育的根本目的也就是把教育对象培养成为具有良好道德品质及道德修养的，遵纪守法的社会主义事业合格建设者和接班人。

最后，培养路径和教育方法要丰富化、实效化。建立健全完善的培养教育机制，必须拓宽培养路径，建立形式多样、行之有效的教育方法。培养路径上既要重视岗前培训，又要重视上岗后的短期培训和阶段培训，更要建立长期的学习制度；既要整体培养，又要有计划地选送素质全面、能力水平高、有培养前途、可担重任的人员参加更高层次的培训、深造和锻炼。教育方法上要注重理论学习和实践锻炼相结合，既引导、组织德育工作者以马克思主义为指导，紧密结合现阶段工作实际，通过调查研究、交流经验总结、举行专题研讨等各种形式，积极开展思想政治教育理论研究，又引导、组织他们深入实践，在实践中不断学习、大胆探索、积累经验、增长才干。此外，还要建立自我教育制度，使德育工作者自觉学习马克思主义和中国特色社会主义理论，自觉接受积极影响，克服消极影响，从而提高自身的思想道德素质。在教育过程中，自我反省、自我修养也是重要的方法，建立自我教育制度就是要把自我反省、自我修养的方法制度化，靠制度的力量保证自我教育效果的实现。

第三章　高校德育教育方法的创新发展

德育方法是实现德育目标、完成德育任务的途径和手段，是教师与学生相互影响、相互作用的媒介和桥梁。对此，我们不能囿于传统的教育章法，更不能畏首畏尾、一筹莫展，而应当敢于创新，力求使新形势下的德育工作开展得既生动活泼又扎实有效。本章主要围绕高校德育教育方法的创新进行分析。

第一节　高校德育教育方法的特征及创新价值

一、新形势下高校德育工作方法创新的必要性

经济全球化、信息网络化等因素的影响使高校德育工作面临着新的挑战，高校德育工作在很多方面尤其是工作方法上长期处于一种陈旧单一、亟待解决却又无定论的尴尬境地，很多学者也都以此为题阐述意见。众所周知，大学生是即将踏入社会并建设社会的一个群体，他们的成长不仅关系到将来大学生个人事业、生活的成败，更重要的是它还涉及社会的各个方面，因此大学生的道德素质问题就显得非常重要。

（一）新形势下高校德育工作环境的变化

21 世纪世界进入知识经济时代，社会的生产方式、生活方式、管理方式、思维方式等都已发生巨大的变化。人类历史的经验证明，尽管人的道德水准和文明程度可以获得提升，但人性的基本面是不可改造的。伴随由计划经济向社会主义市场经济体制的转轨带来经济的持续高速发展以及由全面改革开放带来的西方的科学技术、价值观念，社会发生了深刻的变化。一方面，人们领略到了这场伟大变革所带来的社会生产力的彻底解放和物质财富的迅速增长；另一方面，人们也为社会生活尤其是道德生活中出现的一些“反常”现象所困惑，是偶然还是必然？是发展市场经济所必需的“代价”，还是社会机制运行本身所固有，抑或两者兼而有之？几十年的渐进性改革开放得益于一个“放”字。人们把容易做的事情做了，却把难做的事情留到了现在。所有这些，就学校德育而言，都意味着德育环境的变迁。而作为社会的一个子系统，学校德育一方面必须完成社会所交付的道德教化的任务，并在此过程中获得自身发展的基础和条件；另一方面，学校德育也不可能摆脱社

会对其自身的制约。

1. 社会形势转型的三种特点

一是世纪转换。人类已经跨入 21 世纪。在新的世纪里，我国要实现中华民族的伟大复兴，要加快推进现代化的新的发展，成为富强、民主、文明的社会主义国家。当代大学生是完成这一历史任务的主力军，高校的德育工作就是培养德智体等全面发展的社会主义建设者和接班人，为经济发展和社会进步提供精神动力和智力支持。

二是社会转型。我国正处在从发展中国家向现代化国家的转型、从农业国向工业国的转型、从粗放型经济向集约型经济转型的转折期。要实现社会转型和经济发展的宏伟目标，最重要的是培养人才，培养掌握现代高技术的人才。高校德育工作的任务之一就是让学生了解和认识我国 21 世纪发展的宏伟蓝图，鼓励他们奋发向上、努力成才。

三是体制转型。我国正处在从计划经济向社会主义市场经济转轨的历史阶段，这对社会的经济结构、文化结构、教育结构以及人们的思维方式、生活方式等都将产生巨大的冲击。高校的德育工作要帮助学生树立与市场经济相适应的现代观念和意识，改变学生中存在的各种非理性观念，正确认识市场经济带来的消极因素和负面影响，使大学生成为改造社会、促进社会发展的主人和动力。

2. 德育环境变化的两个方面

一是社会环境发生变化。世界多极化和经济全球化的趋势继续在曲折中发展，科技进步日新月异，综合国力竞争日趋激烈。随着社会经济成分、组织形式、就业方式、利益关系和分配方式的日益多样化，人们思想活动的独立性、选择性、多变性和差异性也日益增强，社会思想空前活跃，各种思想观念相互交织，各种文化相互激荡，各种思潮不断涌现，各种矛盾错综复杂，社会意识出现多样化的趋势。这种变化趋势从总体上讲是积极的，为青年学生的全面发展创造了更加广阔的空间，与社会进步相适应的新思想、新观念正在丰富着青年学生的精神世界。

但在这个过程中，面对国际背景、经济基础、体制环境、社会条件、传播手段的深刻变化，面对青年学生求新、求乐、求知、求助的各种需要，高校德育在思想观念、内容方法、管理运行诸多方面还不适应。高校德育要直接面对社会开放和价值多元的现实，认真研究新情况、新问题，正视道德冲突，解决道德困惑，帮助学生分辨是非，学会判断和选择。

二是德育对象发生变化。当代青年学生出生在改革开放年代，成长于社会转型时期，他们的心理状况、接受能力、欣赏水平发生了很大变化，接收信息、学习知识、休闲娱乐的方式、方法、手段发生了很大变化，四项活动的独立性、选择性、多变性和差异性明显增强。青年学生的思想、价值、观念、行为呈现出许多新特点。

思想现实上，学生关心热点在减少，没有集中热点，舆论一律情况减少；政治意识、理想激情逐渐被理智、客观、冷静、现实的头脑所取代。观察问题、处理问题上往往表现出五个“更多”，即更多地采用生产力的标准，而不是意识形态的标准；更多地采用具体利益的标准，而不是抽象的政治标准；更多地采用市场经济的标准，而不是传统的道德标准；更多地采用批判的标准，而不是建设的标准；更多地采用“与国际接轨”的标准，而不是“中国特色”的标准。

（二）新形势下高校德育工作内容与方法面临的挑战

新时期国际、国内形势的新发展给在校大学生带来了思想观念、价值取向、文化生活的多样性，经济全球化、加入世贸组织、网络文化以及我国高等教育大众化的趋势等都对高校德育工作提出了新的挑战。

市场经济中人的自我和人的物化倾向加剧，使社会生活在一定程度上呈现出片面追求个人物质利益的倾向，人的物欲膨胀，使德育工作所宣传的理论和观念不容易被教育对象所接受。

1. 高校德育工作面临着社会多元化带来的挑战

随着经济体制和政治体制改革的不断深入和发展，我国社会正面临着重大变革，社会发展呈现出多样化的趋势，社会环境的复杂性和多样性大大增加，经济体制和社会结构的变革，多元化利益格局的产生和变化，导致学生道德观和价值取向的多元化。高校德育的对象呈现出新的特点：独立意识、自我意识加强；思想行为趋于个性化；学习动机多样化；价值取向务实化等。活动、行为习惯具有明显的个性特征和复杂的层次性。

当代大学生思想发展的特点和阶段性，决定了高校德育必须具有时代性和针对性，要根据时代发展需要和学生的思想实际，精心设置德育的内容体系，人道主义、科学精神、环境意识、全球意识、和平与发展意识、合作意识等全社会、全人类共同的一般行为规范教育，应成为德育的重要内容；要用市场经济强化现代观念，培养学生开拓、独立自主、冒险进取、爱岗敬业的精神，培养学生关心、同情、友善、宽容等美德。要结合当代大学生多层次、多样性的特征，加强大学生的心理咨询和心理承受能力的培养。要坚持中华民族优秀文化和优秀传统的教育，注意道德教育与人文精神交融。

2. 高校德育工作面临着国民经济快速发展的挑战

国民经济的快速发展加大了大学生生活方式的复杂程度，对学生思想教育工作提出了严峻的挑战。大学生的生活方式与其他职业群体以及同龄青年的生活方式最明显的差异，就在于大学生的生活方式具有独特的“校园”特征。

首先，大学生是个相对独立的群体。他们长期学习、生活在校园里，接触的伙伴多是同龄人。无论是外地学生还是本地学生，家庭观念普遍淡化，在观念和习惯上都保持着一定的独立性，并形成了带有校园特色的群体生活方式。

其次，大学生是社会中文化层次较高的群体。一方面，他们每天接触中外书籍，生活在各种文化信息最丰富的环境里，因此他们更多地受到各种文化思潮的冲击。另一方面，大学生又极其重视精神生活，喜欢探索社会、思索人生，好对各种事件评头论足，做出新的价值判断。在市场经济发展的过程中，求美、求乐成为年轻人的追求，一些人不仅注重物质享受，而且也非常讲究精神生活，文化消费于是产生。

二、高校德育方法创新的紧迫性

由于各个方面因素的不均衡影响，我国高校德育总体的发展水平实效性比较差，没有取得预期的德育效果，一定程度上束缚了我国高校德育方法的创新，阻碍了高校德育的长远发展。由于历史条件与社会环境的变化，我国高校德育方法只有创新才能走出困境。

（一）由新时期的社会背景决定

随着我国综合实力的不断增强，各国之间经济贸易往来、合作的联系日趋紧密，面对这种严峻并且复杂的国际环境，高校德育工作者应该做好德育工作，在实践过程中运用恰当的、可行的德育方法，全面加强高校德育，提高抵御腐朽思想的能力。

新时期我国的经济、政治、文化、科技和军事等各项事业欣欣向荣，快速发展。广大人民的生活方式发生了新变化，呈现出多样化特点，大众的生活观念和生活态度多样化，生活观念趋向更加务实开放，生活兴趣和爱好更加广泛多样。通过大众传媒和人际交往，人们生活态度的相互影响程度在不断加深，同时也更加凸显自己的个性。但在多样化的同时，一些错误的或者是不文明、不健康的生活观念和生活态度也相继出现，拜金主义、享乐主义、极端个人主义等腐朽思想开始滋长蔓延；有的人生活态度消极平庸，缺乏精神追求。时代与社会的变迁与发展必然会反映到思想意识领域，高校德育作为意识形态的一部分，也必然打上时代的烙印，这些不良现象的影响在社会上的盛行必然会波及世界观、人生观和价值观正在成长的当代大学生。在国内环境的影响下，高校德育中传统德育方法的弊端暴露得愈加明显，它的传统性和滞后性已经越来越不适应时代的发展需要，要求高校要积极改变传统的德育方法。在德育教育过程中，适应我国的发展变化，积极促进德育教育方法的创新，从而保证大学生在复杂的国际和国内情况下保持清醒的头脑。

（二）由高校德育工作者的职业素质决定

高校德育工作者在德育工作中能否做到从实际出发、突出重点，直接决定着德育工作的成败。遗憾的是，实践中往往面面俱到，过于理想化，不能客观地把德育的整体目标层次化并与实际要求有机结合起来，从而主次分明、有的放矢和卓有成效地展开工作。高校德育过程中，往往存在一些德育工作者自身的思想素质不高、专业知识不过硬、重理论灌输、轻社会实践，忽视大学生出现的思想问题的根本原因等情况，对于出现的问题只是理论教育和批评教育，忽视了大学生的主体性，使其被动地接受教师的教育，长期下去，造成的后果是大学生学习的主动性与积极性无法得到发挥，影响大学生的主体地位，使大学生产生逆反心理，达不到德育预期的效果。

因此，作为高校德育工作的主要力量的德育工作者的职业素质直接影响着德育的实效性，直接决定着德育方法在实践过程中能否有效实施。在激烈的竞争中，素质高、专业化和专家化强的德育工作者开展德育工作可以运用恰当有效的德育方法，针对出现问题的不同，采取不同的方法进行教育，这样既能充分调动大学生的主动性和积极性，又能增强德育工作者对待德育工作的主动性与热情，从根本上对于促进德育方法的创新发挥积极作用。

三、高校德育方法的基本理论概述

（一）方法与德育方法的内涵

在我国，关于德育方法内涵的界定有许多种。而“方法”一词来源于希腊文，原意为沿着一定的路径，以一定方式或程序开展活动，从而达到目的。德育方法因此可以定义为教师和学生在德育过程中为达到一定的德育目标而采取的有一定内在联系的活动方式与手段的组合。在这一内涵的阐述中，德育方法与一定的方式与手段是紧密相连的，同一种德育教育活动方式与手段可以有不同或多种教育方法，但都是为一定的德育目标而服务的，是德育目标顺利实现的中介，起到“桥梁”的作用。

（二）高校德育方法的内涵

高校德育方法是为促进高校德育发展，为实现德育目标而运用于教育者与受教育者之间的各种德育手段、方式的总称。从高校德育方法的内涵中可以看出，高校德育目标是为了更好地对受教育者进行德育教育，从而促进高校德育的发展。

高校德育方法是教育者与受教育者共同参与的德育过程所运用的手段与方式，起到衔接和“纽带”的作用。

（三）高校德育方法的特征

高校德育方法的恰当运用，直接决定着高校德育的整体发展，决定着高校德育能否取得预期的效果。高校德育方法应具有以下特征。

首先，高校德育方法的科学性。高校德育是对大学生进行德育教育的主要思想阵地，以马克思主义的科学理论为指导思想，对不断变化和发展的新情况、新问题进行研究和总结。这在一定程度上反映了高校德育方法的科学性，为高校德育沿着正确方向发展提供了有力保证。

其次，高校德育方法的应用性。高校德育方法在高校德育过程中有很强的应用性。任何问题的解决都需要正确的方法，方法的正确选择，在于它可以帮助德育工作者正确认识出现的问题和有针对性地去解决问题。在高校德育的实践中应该把理论性和应用性结合起来，更好地为大学生服务。

再次，高校德育方法的针对性。德育工作者在德育实践的过程中改变传统教育中以批评教育为主的教育方法，针对不同个体的兴趣、爱好、心理状况的差异，对于出现的各种问题运用恰当的方法有针对性地解决，认真做好并且解决与大学生相关的德育教育问题。

最后，高校德育方法的系统性。高校德育是一个完整的教育系统，它包括诸多方面，高校德育的主体、客体、方法、手段、模式等都是高校德育的内容。而高校德育方法的系统性体现在整体性和动态性上。整体性，即高校德育方法系统依据一定的方式组成有机整体；动态性，由于高校德育方法面临的时代条件、形势、任务、对象和环境经常处在变化之中，这就决定了高校德育方法内部各要素之间存在密切的相关性。

因此，在社会主义各项事业高速发展的新时期，促进高校德育发展的任务紧迫，而作为“中介”和“桥梁”的高校德育方法的创新就显得尤为重要。

四、高校德育方法的创新价值

第一，高校德育方法的创新，是提高高校德育实效的需要。在高校德育实践的过程中，方法的正确与否直接关系到高校德育的成功与否。德育方法的正确选择可以对大学生产生积极的教育影响；相反，德育方法的不恰当运用会使大学生产生厌恶的心理，容易造成严重后果。只有做到德育方法的有效运用，才能达到德育教育的目的。

长期以来，高校在德育的过程中，积累了丰富的理论经验与实践经验，在一定程度上对高校德育的发展具有一定的积极作用。但是随着新时期的到来，新形势的发展变化，传统的德育方法已经不适用于高校德育的发展。要改变这种不利的情况，高校必须做到与时俱进，促进德育方法的创新。主要是因为：一方面，由于当前国际环境和国内情况的复杂多变，高科技的普及，拓宽了大学生获得信息的视野，从接受教师的理论灌输开始转向网络进行德育教育，一些西方国家的非社会主义的思想、价值观念和生活方式通过互联网的传播途径开始流入大学校园，冲击着传统教育，在大学生群体间产生了一定的影响；另一方面，随着新时期我国各项社会主义事业的不断发展，呈现出了以前没有的特点，如经济成分和经济利益多元化、社会生活方式多样化、社会组织形式多样化、就业岗位和就业形式多样化。在这种严峻形势下，高校德育面临着挑战。这就需要高校德育工作者站在时代发展的高度，重新审视高校德育。当前阻碍高校德育发展的首要问题就是高校现行的德育方法，已经成为影响和制约高校德育发展的主要因素之一。

而对于高校德育工作者来说，当前最主要的任务和最首要的任务就是要加快德育方法创新的步伐，改变传统单一的教育方法，做到理论教育与实践教育相结合，课堂教育与榜样教育相结合，批评教育与表扬教育相结合，因人而异，采取不同的德育方法，从根本上提高高校德育的实效性。

第二，高校德育方法创新，是新形势发展的客观需要。当今世界全球化趋势增强，和平与发展仍然是时代的主题，政治、经济、文化的多极化发展，科学技术的广泛应用，要求必须认清这一时代发展的主要特点，发展中国特色的社会主义事业。这就要求高校德育工作者应该始终保持清醒的头脑，在借鉴国外先进的管理技术与管理经验的同时，时刻警惕反动思想的传播，掌握高校德育的主流思想阵地。全方位、多方面地对大学生进行德育教育，抵制西方少数国家的“分化”思想，因此，在强调高校德育工作的重要性的同时，高校德育方法必须创新，这是新形势下高校德育发展的客观需要。

第三，高校德育方法创新，是保证大学生健康成长的需要。高校德育是为了培养德、智、体、美各方面全面发展的高素质人才，学生是高校德育主要的受教育者。但是一直以来，我国高校德育把学生看作接受知识的“工具”，忽视了大学生的主体地位，在德育课堂上仍然沿用传统的教育方法，如：单一灌输的教育方法、以“批评”为主的教育方法、“满堂灌”的教育方法。这些德育教育方法忽视了学生的主导作用，忽视了学生的内心需要，是一种外在的强制性教育。其结果是在一定程度上束缚了高校德育教育与高校德育方法的发展。因此，只有选择正确的德育方法才能增强德育方法的实效性，取得良好的德育效果，圆满完成德育任务。

因此，高校德育工作，一定要坚持教书与育人相结合，教育与自我教育相结合，坚持政治理论教育与社会实践相结合，坚持解决思想问题与解决实际问题相结合，坚持教育与管理相结合。只有有效地开展德育工作，才能更好地在德育实践的过程中尊重大学生的主体地位，彻底激发学生学习的兴趣，促进学生德、智、体、美全面发展，保证大学生积极、健康地成长，实现德育目标。

第二节　高校德育教育方法创新的原则与内容

高校不仅肩负着为中华民族的伟大复兴和为社会主义建设培养素质高、专业性强的有用人才的主要任务，而且还肩负着传授知识、培养大学生各方面能力、使大学生自觉遵守法律法规、保证大学生服务于社会主义建设的重任。因此，我国高校的发展影响着整个高校德育的发展，乃至成为整个社会普遍关注的重要课题，高校应制定德育方法的创新路线，提高德育教育质量。

一、高校德育方法创新的原则

高校德育方法的原则是指在进行德育的过程中，德育教育必须坚持的原则。因此，研究高校德育方法在创新的过程中坚持的原则是一项比较重要的课题。高校德育方法的创新必须以正确的原则作为指导，结合高校德育发展的实际情况，专家学者提出了很多关于德育方法创新坚持的原则，从社会的发展情况看，根据所掌握的资料，有以下几个必须坚持的原则：科学性原则、主体性原则、层次性原则和有效性原则。

（一）科学性原则

高校德育方法的科学性原则，要求德育教育遵循大学生思想活动的规律，遵循德育教育的客观规律性，遵循高校历史发展的科学规律性，克服盲目性与随意性。随着现代科学技术的发展，特别是互联网技术的发展，我国的政治、经济、文化、军事等社会各个方面都产生了变化。互联网进入高校以后，对学生的思想观念、生活方式和身心健康等带来了潜在的、深远的影响。原有的德育方法在互联网上完全不适用了，只有及时把握现代科学技术发展的脉络，尽可能地把先进的技术运用到对学生的教育之中，才能跟上科技发展的步伐，才能增强德育的效果。高校德育工作是对大学生进行教育的工作，因而高校德育工作者应把正确的政治观点、政治立场和政治方法放在首位，在实践中接受互联网对高校德育工作的影响，改变传统的德育方法，为此，德育工作者要用“科学的世界观、方法论武装自己，使自己具有正确的思想观点、政治立场、思维方法和教育艺术”。只有这样才能使德育具有强大的感染力、吸引力、说服力和战斗力真正提高大学生的道德水平。因此，高校德育方法一定要坚持科学性的原则，只有这样，高校德育才能沿着正确的路线不断向前发展。

（二）主体性原则

人的全面发展以一种全面的方式，就是说，作为一个总体的人，占有自己的全面本质。中共中央、国务院《关于进一步加强和改进大学生思想政治教育的意见》指出，要“坚持以人为本，贴近实际、贴近生活、贴近学生，努力提高思想教育的针对性、实效性和吸引力、感染力”。高校中的“以人为本”就是以学生为根本，尊重学生的主体地位，以此来满足学生的自主性和独立性的教育目的，主体性德育是对传统德育方法的一种超越。

然而，当前高校德育与大学生的现实生活脱节，没有贴近大学生思想实际、贴近大学生的实际生活，这样就不能开展有针对性的德育工作，取得良好的德育效果。

因此，高校德育方法坚持的主体性原则，把着眼点放到教育对象主体性培育上，培养大学生的积极性与主动性，知与行不能脱节，不能把德育教育看成一种强制教育，应该把德育内化为大学生的德育品质，走出对德育教育者的依赖，从根本上增强德育效果。

（三）层次性原则

人的发展是有层次的。由于当前国家的快速发展、改革开放的深入人心和普及高等教育，我国高校也发生了很大变化，由“精英教育”发展为“大众教育”。在德育的过程中，德育工作者要注重平时的积累，把握不同的教育对象所具有的不同特点，有的放矢，因材施教，坚持普遍性和特殊性相结合的工作方针，这对于高校德育工作者来说有着至关重要的作用。

首先，根据受教育者各项综合素质的不同特点，找到适合学生德育教育的工作方法。伴随高校大学生人数的增多，一些大学生由于生活学习以及社会、学校和家庭等各方面的差异，表现出各种不同的特点。从道德水平来说，大学生整体道德水平比较高，但是由于受到外界的影响，一些大学生对道德水平评价标准产生了怀疑，因此，德育水平评价标准的随意性比较大；从互联网的影响看，由于互联网传播信息的方便与快捷，这种新的德育教育载体更容易被大学生接受，互联网在带来有益信息的同时，消极信息的纷至沓来冲击着一些思想不坚定的大学生；从身体素质和能力素质等因素考虑以及从社会、家庭和学校等诸多因素考虑，都可以造成学生之间各个方面综合素质的层次性。

其次，增强德育方法的层次性，应该区别教育对象学习目的的多样性。由于教育对象综合素质的层次性，不同教育对象的学习目的也就不同。在对大学生进行德育教育的同时，要“分层次、有重点、循序渐进，努力贴近社会、贴近生活，充分调动各部分学生的积极性、创造性和主动性”，使各种不同层次的大学生转变学习态度，真正去接受学习，从而向更远大的目标前进。

最后，认识教育对象的心理承受素质的差异性。由于高校学生群体表现出来的特点，大学生的心理承受能力在近几年也引起广泛关注。高校学生自杀率较前几年呈明显上升趋势，主要因为各种各样的压力，如，学习压力、就业压力和生活压力成为大学生普遍感觉压力过大的几个因素。与此同时，一些大学生可以把压力转化为动力，真正在各方面取得好成绩。这就需要高校德育工作认真地研究教育对象，把握教育对象表现出来的层次性的特点，有针对性地解决问题。

（四）有效性原则

高校德育工作在德育实践中一定要注重有效性原则。在德育工作中，一些德育工作者没有充分重视有效性原则，没有利用有效的德育方法解决大学生的实际问题，结果就会造成德育目标无法得到实现，德育任务无法完成。作为高校德育工作者，在德育过程中，需要及时发现大学生的问题，运用恰当的教育方法，及时解决问题。对待已经出现问题的大学生，更应该深入调查出现问题的原因，找到切实可行的方法，从根本上发现问题并及时解决问题。

高校德育工作是一项系统而又烦琐的工程，仅仅坚持以上四种原则是不够的，它需要各个方面的原则作为支撑，应该做到社会教育、学校教育和家庭教育三者的结合，共同促进高校德育工作的发展，改进原有的高校德育方法，从根本上增强高校德育的有效性。

二、高校德育方法创新的具体内容

（一）坚持生活化教育方法

《关于进一步加强和改进大学生思想政治教育的意见》中明确指出：“坚持以人为本，

贴近实际、贴近生活、贴近学生，努力提高思想教育的针对性、实效性和吸引力、感染力，培养德、智、体、美全面发展的社会主义合格建设者和可靠接班人。”高校德育方法越贴近生活，越能体现教育中的“以人为本”，越能发挥人的主体性，引发人的内在创造力，体验生活的美、教育的真正内涵，形成文化、社会、个性协调发展的生活世界。

大学生的成长程是一个漫长而复杂的过程，德育发展与时代发展紧密联系在一起，在大学生的日常生活中渗透着德育，德育贯穿于整个大学生活。生活化的德育注重生活实践，因此，应从生活中来，到生活中去。当代高校的德育方法需要改变传统的单一灌输和说服教育的方法，善于突出学生的主体性，组织学生自我教育、自我管理，使高校德育工作真正做到贴近学生、贴近生活实际，引导学生正确地认识自己，不断改善自己的道德认识与行为习惯，在活动实施上突出保护自我心灵，发掘自我经验，关注自我行动，促进自我发展。

高校德育是与时代特点紧密相连的，德育工作者更应从大学生的生活实践中对大学生进行教育，关心大学生的生活，让大学生得到身心的全面教育，在德育课堂上利用“道德两难问题”去启发学生，让学生思考和检验自己的道德立场，反思自己的行为，让广大青年学生真正从日常生活实践中得到教育。

因此，高校德育方法的生活化，是时代的发展，是社会的进步，是促进高校德育发展的条件。高校德育方法只有贴近现实、贴近生活、贴近社会，才能为社会的发展培养更多合格的高素质人才。新时期高校德育方法应该更加注重生活化的教育，在生活实践中潜移默化地教育广大青年学生，为社会培养德才兼备的高素质人才。

（二）坚持隐性教育的方法

我国高校德育教育一直以显性教育为主。随着社会环境的复杂多变，仅仅依靠书本知识的教育是不够的，还必须注意在显性教育的影响之外运用一些潜移默化的教育方式，这样才能提高德育教育的实效性。

隐性教育作为和显性教育相对立的概念，是由西方学者首先提出并具体实施的。关于隐性德育课程，学术界还没有统一的定论。隐性德育课程是指广泛地存在于课内外、校内外教育活动中间接的、内隐的，通过社会角色无意识的，非特定心理反应发生作用的德育影响因素。简单地说就是学校通过一定的教育环境，对学生进行一种间接的经验的传递与渗透，使学生在潜移默化中接受教育。

隐性教育以间接性与隐蔽性为主要特点，是一种潜移默化的教育。高校德育工作必须以大学生德育品质的形成和发展为基础，大学生受到外界环境各种因素的影响，同时也受到一些环境因素的隐性影响，如社会政治环境、经济环境、文化环境等。对大学生德育的影响一般是非计划性、无目的的影响，虽然没有立竿见影的效果，但是却在无形中受到一种潜移默化的影响。高校环境建设包括物质环境和精神环境。物质环境包括学校的建筑、学校的配套服务设施等。这是保证学生基本的物质需要，是高校必备的物质基础设施。精神环境的建设包括教育者传授知识、校园文化的建设、校园网络管理等。而且随着网络的普及和发展，传播信息的方便性、灵活性、娱乐性和速度快的特点，更能吸引广大高校学生接受网络这个传播信息的新兴载体，更需要高校运用正确的教育思想占据学校的主流文化阵地，构筑健康的校园文化建设，使网络德育与网络德育方法紧密结合，更好地教育广大青年学生，提高他们辨别是非的能力。

作为高校德育工作者，在传授理论知识的同时，要根据时代的发展变化，开展具有时代特色、现实感和历史感特点突出的理论课程，强化学生的历史观念和爱国情感，用事实和网络开展生动、鲜明的社会实践和理论讲座，从不同的学科去理解知识涵盖的不同意义，从不同学科的教育中渗入德育观念，培养大学生用积极、乐观的态度去探索知识，去对待学习、工作和生活。这是高校德育工作者肩负的重要责任。

因此，高校应该开展一些互动性和娱乐性比较强的文化活动，使大学生在潜移默化中受到德育教育的熏陶和影响。另外，利用德育教育中的如大众传媒、网络载体，对大学生进行宣传教育，发挥德育的隐性影响，使大学生在德育品质、情感培养和行为方式等各个方面受到潜移默化的教育，从而完成德育任务，实现德育目的。

（三）坚持自我教育的方法

自我教育法是受教育者按照思想教育的目标和要求，主动提高自身思想认识和道德水平以及自觉改正自己错误思想和行为的方法，简单地说就是人们自己教育自己、自己做自己思想政治工作的方法。

大学生健康成长不仅需要外在的教育，还需要大学生自己对自己的约束和管理，不仅要接受课堂教育，还需要进行自我教育，即自我认识、自我监督、自我调适等方面的发展。也就是一个自我教育的过程。我国著名教育家叶圣陶说：“教育的目的就是为了达到不教育。”也就是要达到自我教育。而自我教育恰恰就是为了提高自我约束、自我控制和自我管理的能力。

高校德育工作者的首要任务就是培养大学生自我教育的能力，为自我发展创造条件，增强德育的实效性，达到德育教育的目的，完成德育教育的任务。德育工作者在大学生的学习和生活中，应该采取自我批评、自我表扬和自我激励相结合的方法，充分调动学生学习和参与实践活动的积极性与主动性，加强大学生自我管理和自我服务的能力。在实践中，德育工作者还要善于运用榜样的力量和先进事迹的影响作用，使学生既有奋斗目标又有赶超的态度，从而提高学生的自我教育能力。

自我教育并不是德育工作者不负责任，任由学生的自由教育，而是根据大学生之间有相互影响的作用，进行独立的教育。自我教育是一种特别强调主体意识的方式，需要大学生之间相互鼓励、相互影响、相互批评，独立地发现问题、解决问题，为自我教育创造条件，从而提高自我教育的能力。

（四）坚持心理咨询教育的方法

各高校要积极创造条件建立大学生心理健康教育工作体系，面向全体大学生开展经常性的心理辅导或咨询工作。此外，还要通过个别咨询、团体咨询、电话咨询、网络咨询、书信咨询、班级辅导、心理行为训练等多种形式，为大学生提供及时、有效、高质量的心理健康指导与服务。因此，高校必须建立比较完备的心理健康教育系统，组成专门的心理健康机构，针对大学生表现出来的心理问题，及时发现，及时解决，提高大学生的心理素质和抵抗挫折的能力，保证高校德育工作的顺利进行。

心理咨询主要是在意识层面进行的一种教育性、指导性比较明显的活动，它不仅是保护人们身心健康所必需的，而且是塑造健全人格、开发人们潜能的有力手段。随着社会的发展，心理咨询已经越来越受到人们的重视。2004 年，中共中央、国务院在《关于进一步加强和改进大学生思想政治教育的意见》中明确指出：要重视心理健康教育，根据大学生的身心发展特点和教育规律，注重培养大学生良好的心理品质和自尊、自爱、自律、自强的优良品格，增强大学生克服困难经受考验、承受挫折的能力。这表明国家对大学生心理健康教育的高度重视，高校心理健康教育应该向更加科学化和专业化的方向发展。

要发挥好心理咨询的作用，必须在设立心理咨询中心、开通心理咨询热线等传统形式的基础上，把心理咨询工作做实、做细。要组建心理健康教育三级网络，即心理咨询中心、心理辅导员队伍和大学生心理健康协会，

此外，还要建立心理咨询网站，开展网上心理咨询服务。当前的大学生受到各种因素的影响，在发展个性化的同时出现了一些心理问题，如心理承受能力差、自理能力不强、抗压和抗挫折能力差等。大学生所表现出来的各种心理问题，已经影响了校园生活的和谐和学习氛围。高校更要注意加强大学生的心理健康教育，把心理咨询教育融入所传授的知识，经常性地开展心理健康讲座，运用生动有趣的传播方式对大学生进行心理健康教育，增强大学生抵抗挫折的能力，加强教育者与教育对象之间的相互信任和相互理解，从根本上增强高校德育工作的实效性。

德育工作者作为与高校学生直接接触的教育者，在日常的学习和工作中，应积极加强心理教育知识方面的学习，恰当地运用新的观点和新的方法帮助大学生解决问题，加深对心理咨询这一新兴德育载体的认识，在学习和生活中，与大学生交换意见，了解大学生的心理动态，循循善诱地解决大学生的心理问题。

（五）坚持综合性的教育方法

所谓综合性教育方法，就是以唯物辩证法关于全面的观点、联系的观点和发展的观点为指导，运用系统论的方法，把各个方面或各种方法的思想政治教育有机联系起来，使之成为具有最佳教育作用的教育整体。可以说，综合性的教育方法是德育教育整体合力的过程。

加强和改进学生德育工作，首先要提高促进大学生全面发展的能力，解决“培养什么人、如何培养人”这个事关国家长治久安、事关中华民族前途命运的根本问题。高校如果要从根本上增强德育的实效性，就要改变传统的、单一的教育方法，改变脱离时代发展的德育方法，贴近社会，贴近大学生的生活实际，把多种德育方法联系起来，共同开展德育

工作。

应对不同的、单个的德育方法进行选择、综合和重构，对受教育者的生活环境、工作环境、性格、特征等各方面进行透彻了解，根据需要创造出一种与受教育者相适应的综合教育方法和模式。在这一德育工作过程中，高校德育工作者应该综合考察各个单独的德育方法，使相互联系、相互影响的德育方法充分融合，然后对不同的教育对象进行彻底分析，针对他们不同的需要，有针对性地运用综合式的德育方法。在高校中实施综合式的德育方法，需要适应大学生不同的实际状况，综合分析大学生各自不同的特点，进行高效率的、符合实际的德育教育。针对大学生出现的思想问题进行德育教育，从而纠正大学生的错误，有层次性和有针对性地运用综合式的教育方法，这是德育工作者德育工作取得成效的关键。

总之，高校德育工作方法创新的内容涉及很多方面，需要全方位、多侧面地多方共同努力，不断开发新的德育资源，改变传统的高校德育工作方法，使高校德育工作方法在实践中得到发展与创新。我国高校德育在新时期的发展趋势是，有针对性地抓好德育工作，增强高校德育的实效性，从而使高校德育工作方法更具有科学性与时代性。

第三节　高校德育教育方法创新发展的实施路径

新时期高校德育方法创新，是通过利用社会教育、学校教育、家庭教育“三位一体”的德育资源来实现的。高校在强调德育重要性的同时，应该开发多种德育资源，使德育方法不断得到创新，从根本上解决我国高校德育存在的问题，从而促进我国高校德育的发展，完善德育的内容，实现德育的目的，完成德育的任务，增强高校德育方法的实效性。

一、确立实践式的高校德育方法

众所周知，实践的观点是辩证唯物论认识论之第一和基本的观点。人们思想观念的形成、发展都离不开实践。随着高校德育的发展，对于高校来说，仅仅依靠书本上的理论知识开展教育已经不能满足社会发展的需要。理论与实践相结合的德育方法在这样的社会条件下发展起来。

实践式的教育方法，就是组织、引导人们积极参加多种实践活动，不断提高人们的思想觉悟和认识能力的方法，即在改造客观世界的过程中同时改造自己的主观世界的方法。实践式的教育方法也可以叫实践锻炼法。实践对于高校来说，作用更为突出，高校是为社会培养高素质人才的主要场所，实践式的教育方法关系着高校德育能否成功。由于当前大学生的大部分活动时间和空间主要集中在课堂、学校，实践锻炼法的运用还需要教育者精心策划，这需要教育者付出大量的时间和精力。有的教育者因此而消极对待，造成此类方法的运用多流于形式，因此，实践锻炼法的运用和发展受到了很大的限制。高校在传授理论知识的同时，应该经常组织大学生进行社会实践，让他们深入了解社会、了解生活的真正内涵。“没有调查就没有发言权”就是要求高校在重视理论知识的同时，重视实践的重要作用。

为此，高校应该充分利用多种德育资源，使德育资源成为大学生接受德育的外界条件。只有这样才能充分调动学生的积极性，使学生以高昂的热情积极地投入实践锻炼，从而提高学生参与社会实践的能力与适应社会的能力。成功的高校德育不但要求大学生有丰富的专业知识，还要求大学生具备社会实践的能力。是否理论联系实践，是衡量高校德育合格与否的重要标准之一。

德育效果的好坏必须用实践去检验。实践式的高校德育方法是与整个社会的发展紧密联系、与时俱进的，是高校德育工作者在长期的德育工作中积累的宝贵经验。这种实践式的高校德育方法有利于提高大学生适应社会的能力以及人与人之间交往的能力，能够引导大学生积极地参与竞争，通过实践培养人与人之间的团结合作精神。

二、确立渗透式的高校德育方法

高校德育的一个主要特点就是需要重视德育潜移默化的影响，大学生的大部分时间都是在接受无意识教育。我国高校德育的一个弊端就是传统德育方法的广泛应用。传统德育方法主要强调的是正式课程的显性影响，在一定程度上忽视了隐性课程的渗透教育，使德育的实效性得不到加强。而在新时期，我们在强调创新传统德育方法的同时，应重视加强德育的渗透影响，开展各种形式的非正式课程，形成潜移默化、渗透式的德育影响。

隐性教育课程是与显性教育课程有着显著区别的概念。隐性教育课程具有以下几个特点：首先，从影响结果来看，隐性教育课程是学业成绩之外的非学术的影响，更多地体现在对学生价值、情感和意志等方面的影响上；其次，从影响环境上来说，它是一种潜存于班级、学校和社会中的隐含性、自然性的影响；再次，从影响的计划性角度来看，隐性教育课程是非计划、无意识和不明确的影响；最后，从影响的效果上来看，因为隐性教育课程是一种潜移默化的影响，所以它的影响不是立竿见影的，却具有“积累性”“迟效性”“稳定性或持久性”。高校德育中渗透式的德育方法，更加强调高校德育潜移默化的影响作用，要求高校在德育过程中根据时代的发展变化转变德育的传统思想观念，开展各种各样的活动，在实践活动中渗透德育教育，从而在无形之中使大学生受到教育，形成以学生为中心、情境为中心、活动为中心的新局面。高校德育应该把显性教育与隐性教育有机结合起来，增强高校德育的良性发展和良性循环，从而使高校德育取得预期效果。

因此，高校德育中的渗透式教育方法已经成为新时期高校德育发展的趋势，是从根本上促进高校德育方法创新的一个主要依据，对高校德育方法的创新具有深远意义。

三、确立高科技引导式的高校德育方法

引导法就是启发诱导，是教育者指导受教育者主动、积极、自觉地提高思想认识的方法。这种方法十分强调发挥受教育者的主动性，激发受教育者思考的积极性，增强受教育

者接受教育的自觉性。

高校德育的发展，最主要的是要适应时代的发展与变化，利用科技的发展成果促进高校德育方法的创新。目前，高校德育方法的单一、手段的陈旧以及接收信息的狭隘性，使高校德育方法无法得到创新，延缓了高校德育方法创新的步伐。特别是随着我国科技的发展，获得信息变得更加方便与快捷，这促使高校必须改变传统的德育方法和手段，只有这样才能增强德育的实际效果。而西方国家利用高科技的信息传播途径宣传本国的价值观念，引导学生对本国价值观念的认同，这种做法值得我国学习。

高校在对大学生进行教育的同时，重视对学生的日常行为管理，制定了一些规章制度对大学生进行管理与约束，这在一定程度上有利于形成良好的学习氛围和校园文化氛围，这种做法在科技发展日新月异的今天显得尤为必要。随着科技信息时代的到来，学生获得信息不单单依靠教师的传授，更多的信息可以通过网络获得。教师的主体地位发生动摇，而学生的自主意识和自主行为意识日渐增强。面对这种情况，高校德育工作者一定要紧跟时代步伐，利用网络来充实自己的知识储备，利用生动有趣的多媒体教学课件把学生的注意力集中到课堂上，从而达到对大学生进行教育的目的。此外，还要注意引导大学生的思想行为向积极、乐观、向上的方向发展。对于高校德育的发展而言，引导式的德育方法是我国高校德育发展的大趋势，也是我国高校德育工作者工作的重中之重。

四、确立预防式的高校德育方法

预防教育，就是针对人们可能或将要发生的思想问题与行为偏向，事先进行教育，防止思想问题与行为偏向发生，或者将思想问题与行为偏向制止、消灭在萌芽状态。而所谓的预防教育法，就是预测人们可能或将要发生的思想问题，事先进行思想政治教育，防止和避免思想问题产生的方法。预防式的高校德育方法在高校之中实施起来比较困难。由于大学生具有多样性、层次性与复杂性的特点，预防式的教育方法在实施的过程中有一定的困难，德育工作者必须深入学生，了解学生的不良思想动态和思想问题，积极采取措施，使还没有表现出来的问题得到解决。这是一种超前教育形式。

首先，预防教育能增强德育教育的先导性。高校德育有利于帮助大学生确立正确的世界观、人生观和价值观，坚定大学生共产主义的信仰，防止大学生错误思想的产生，对大学生具有一定的先导作用。因此，高校德育工作者在平时的德育工作中要善于观察，及时发现问题，把握大学生的思想动态，预防可能发生的问题。只有做到预防，才能使问题被消灭在萌芽状态，德育工作才能发挥积极作用。

其次，预防教育能提高高校德育的主动性。大学生受到社会各种因素的影响，需要德育工作者采取预防教育，及时纠正即将出现的问题，端正方向。为了避免消极影响的发生，德育工作者在教学之中需要以正面教育为主，使学生接受正确的思想，从而避免各种问题的产生。

最后，预防教育能强化思想政治教育的有效性。高校在德育过程中，通过对大学生进行预防教育，采取显性教育与隐性教育、明示教育与暗示教育相结合的方法，能从精神上帮助大学生树立坚定的政治信仰，防止和抵制错误思想和错误行为的发生，帮助大学生端正学习和生活的态度，抵制一些消极、不良的情绪，提高大学生道德水平和辨别是非的能力。

高校德育方法中的预防教育拉近了教师与学生的距离，只有深入了解大学生的思想变化和大学生的日常生活，才能有效防止错误思想和行为，从根本上对大学生进行德育教育，促进高校德育方法的创新与发展，开创高校德育方法创新的崭新局面。

综上所述，高校德育方法创新的着力点，主要应强调高校确立实践式、渗透式、高科技引导式以及预防式的德育方法，这样不仅可以拓宽研究高校德育方法创新的视野，还可以改变高校德育方法创新的现状，从而达到高校德育方法创新的目的与效果。

第四章　高校德育教育环境的创新发展

德育活动离不开一定的环境，环境对德育活动的影响是客观和普遍存在的。高校德育环境由内部环境与外部环境构成，具有复杂性、开放性、虚拟性、渗透性等特点。高校德育环境的优化必须树立环境开放意识，注重家庭教育，加强高校网络管理和应用，充分发挥高校的教学管理、文化功能。本章主要围绕高校德育教育环境的创新发展进行分析。

第一节　高校德育教育环境的功能与特点

一、高校德育环境的内涵

随着现代科学技术的发展，人类认识世界的能力不断增强，德育系统的环境也不断拓展且变得愈加复杂。从一般意义上说，德育环境可分为宏观环境和微观环境。宏观环境主要指社会政治、经济、文化环境；微观环境是指家庭环境、学校环境、工作环境。宏观的社会政治、经济、文化环境对人的思想政治品德的形成、发展起决定性作用；微观的家庭、学校、工作环境对人的思想政治品德的形成、发展也有着极其重要的影响和制约作用。从环境构成的内容来看，又可将德育环境分为硬环境和软环境。然而，德育环境是一个广泛而又复杂的系统，它是不同层次的环境因素相互联系构成的有机整体。用系统论的方法来审视高校德育环境，就不能孤立地看待各种标准的划分。合理把握、正确定位高校德育环境，我们倾向于将其分为物质性的硬环境和精神性的软环境，并兼而论及以高校为桥梁和纽带，也涉及部分社会环境和自然环境等其他相关环境内容。

二、高校德育环境的价值与功能

（一）高校德育环境对学生个体发展的价值

环境对学生个体发展的影响与德育对学生个体发展的影响有着明显的区别与联系。从区别上来看，主要表现为以下三个方面。一是目的不同。环境对学生个体发展的影响是无目的性的，环境的存在主要不是为了影响人的思想政治道德素质，是为整个人类社会的生存与发展提供前提和基础，在这个过程中会自觉和不自觉地对人的思想政治道德素质产生影响，从而对个体发展产生促进或制约作用；而德育是目的十分明确的教育活动。德育的目的就是为了影响人的思想政治道德素质，从而促进个体的发展。二是层次不同。环境不仅影响人的思想政治道德素质的性质和水平，而且也影响着德育发展的性质和水平。而德育是社会上层建筑的一个组成部分，是环境的一部分。德育主要影响人的思想政治道德素质，有时也会反作用于环境。三是性质不同。环境对人的思想政治道德素质的影响，其性质是广泛的、多样的，其中有积极的，也有消极的，有正面的，也有负面的，涉及思想政治道德素质的各个方面。而且这种广泛性和多样性是时时处处自发产生的。而德育对人的思想政治道德素质的影响是自觉、有计划、有步骤、有内容、有组织，在特定时间和地点系统进行的。从联系上来看，二者是作用与反作用的关系。社会环境的性质决定德育的性质，德育则通过培养和训练具有符合社会占统治地位阶级所要求的思想政治道德素质的人，对环境产生反作用。

具体说来，各种德育环境对学生个体发展的价值主要体现在以下三个方面。

1. 德育环境对人的思想政治品德的形成和发展具有促进作用

德育的外部环境，无论是自然环境还是社会环境，都对人的思想政治道德素质的形成和发展具有促进作用。自然环境中，雄伟壮丽的疆土、恬静秀美的山川都蕴含着一定的教育内容，激发人们的爱国、爱家情怀。社会环境的各种因素，特别是思想层面的因素，常常是鱼龙混杂的，有“香花”，也有“毒草”，积极向上的、高尚的、真善美的促使青年学生奋发向上、健康成长，有利于他们形成远大的理想，树立正确的人生观与科学的世界观，培养优秀的道德品质及高尚的情操。由于青年学生思想觉悟不高，缺乏社会生活经验，缺乏锻炼，意志力薄弱，各种消极腐朽的因素也会促使他们迷失正确的政治方向，胸无大志，追求享乐，沾染上不良的习气，甚至道德败坏，走上邪路等。所以，德育要重视和加强社会环境的研究，发扬社会环境积极因素的影响，抑制消极因素的影响，为青年学生的健康成长营造良好的社会氛围。

2. 德育环境对人的思想政治品德的形成和发展具有潜移默化的影响

德育环境对人的思想影响不是强制的、有形的影响，而常常是无形的、潜移默化的影响。各种德育环境及其因素，以潜移默化的独特方式时时处处地熏陶、感染、引导、激励、教育着青年学生，使他们转变原有的思想观念并提高到新的思想水平。社会环境中的社会风气、社会氛围、社会舆论的教育，正是通过这种潜移默化、耳濡目染、内心的体验和情感的熏陶来实现的。对高校而言，社会文化对大学生的思想和行为的熏陶和感染更为强烈、明显。如一些大学生在流行文化的影响下，受明星的暗示作用，模仿明星，无论是发型、穿着、动作、行为习惯等，都力图仿效，甚至成了“追星一族”。社会文化作为环境参与或影响包括德育活动在内的人类个体和人类的行动历程的每一环节。社会文化不但影响学校德育工作者，还影响德育对象的身心特征，甚至制约学校德育的内容和方法。

显然，社会环境对青年学生的影响，虽然不像学校教育那样，是有计划、有组织、有要求，运用特定的措施和方法的，但社会大环境的潜移默化的教育作用是不可忽视的。相形之下，它比灌输教育来得更自然，因更少强制性而更易为青年学生所接受，却又往往令青年迷惘而不知所措。正是德育环境这种独特的教育特征和效果，使得自古以来的思想家和教育家都十分重视环境对人的思想的潜移默化的作用，因此才会有“近朱者赤，近墨者黑”“蓬生麻中，不扶自直”“孟母三迁”等这样的古训和故事。

3. 德育环境对人的思想政治品德的形成和发展具有重要的约束和规范作用

环境之所以对人的思想和行为具有约束和规范的作用，是因为当人们的思想和行为在环境中表现出来后，就会受到周围环境和人们舆论的评判，同时还会受到法律、道德、纪律规范的检验，这就是环境对人的思想和行为的直接影响。好的思想行为得到肯定和赞誉后，会激励人继续保持甚至强化，也会给周围的人动力，引导他们仿效、改进；不符合社会规范，甚至违背道德和法律的思想行为会受到抑制、批评甚至谴责，使人产生压力和敬畏感，促使人改过。如学生到了图书馆、报告厅等自然会保持安静，因为这些公共场所有保持肃静的氛围要求。这就是制度环境中的条例、准则等对人的思想政治品德和行为的约束和规范作用。德育环境对青年学生的价值观、人生观、世界观以及理想、信念、道德品质等都有这样的约束和规范作用。以社会风气为例，一般认为它只会对人的思想和行为产生一定的影响，其实不然。一个时代或一个时期的社会风气，甚至制约着人们的思维方式与创造性。如改革开放以前，受“文化大革命”的错误影响，人人自危，令人窒息的社会风气约束了人们的思想，使得那个时代的多数人缺乏个人的独立思考，头脑僵化，不敢面对发生深刻变化的世界，不敢面对实践中提出的问题，不敢发表独立的见解。改革开放以来，人们思想解放，社会变得越来越宽容，价值取向趋于多元，人们个性发展的空间越来越大，这是社会的进步；但同时，社会风气又不可避免地出现新的负面影响，尤其是网络风气，环境对人的思想行为的约束和规范作用亦更加凸显出来。

（二）高校德育环境的功能

德育环境的功能主要有以下几个方面。

1. 规范导向功能

高校德育环境对青年学生的思想政治品德的形成、发展及德育活动具有规范和导向功能。从社会环境来看，其规范导向功能表现为以下两方面。一是学校关系是社会关系的一种，一定的社会形态如社会主义制度、资本主义制度等，以及具体的社会制度如政治制度、经济制度、文化制度、教育制度等，都对高校德育起到规范导向作用。如我们正在进行的中国特色社会主义建设事业及深化改革、实现“两个百年”奋斗目标等社会大环境，毋庸置疑规范导向了高校德育的目标、内容、方法等。二是社会环境中的政治、经济、文化等各种具体环境因素通过学生的自觉道德实践和学校的德育活动不断进行物质、信息和能量的交换，使社会信息源源不断地传入学校。这样既对学生的思想认识和价值观念的形成和发展产生影响，又对学校德育活动发生作用。良好的健康的社会信息可将学生的道德认识、人生观和价值观和德育活动导入正确的方向。反之，消极的不良的社会信息既误导学生思想道德的认识和实践，也会误导学校德育活动，最终削弱德育的效果。从学校自身环境来看，一方面，学校的制度关系规范制约着德育。学校的各种规章制度，如考勤制度、奖惩制度等，都对人的思想行为产生影响和制约。另一方面，学校中的非制度关系，如校园气氛、班级课堂气氛等，也在规范引导着学生的思想行为。

2. 渗透传导功能

高校德育环境对青年学生的思想政治品德的形成、发展及德育活动具有渗透传导功能。具体表现为以下三方面。一是学校的硬环境，从校园建筑风格到校舍楼宇的装设等，都给生活于其中的成员一个具体可感的参考，并传递出一定的价值信息，给每个成员以一定的心理暗示，使他们自觉或不自觉地从周围的环境中接受那些人们所认可或学校倡导的价值观与道德观。如古典的建筑沉淀着学校悠久的文化底蕴，现代的风格蕴含着学校国际化的视野。再如学校校舍的精心装设、校园的花草树木等都面向学生的生活世界，处处感染学生，使他们热爱生命、热爱生活、热爱学校。二是学校的软环境，尤其是学校在长期的文化实践中形成的体现学校风格个性的校训、校风，凝聚着学校的基本精神与价值取向，它可以将学校的意志和价值渗透于学校的各种文化活动中，使之成为学生生活环境不可分割的一部分，进而在有意无意中对学生产生影响，对他们人生态度和道德认识的形成发挥导向作用。三是学校的德育活动主要是在学校环境中进行的，学校环境的各种因素对德育活动同样起着导向作用。如志愿者活动、升国旗仪式、参观有历史价值的纪念场馆、参加义务劳动、参加文体活动等都能让学生接受爱国主义、社会主义、集体主义的教育；参加学术活动、艺术活动、读书活动等都能使学生在不知不觉中受到心灵的感染、情操的陶冶、哲理的启迪，使教育者的意图逐渐渗透到他们的思想中，由量变到质变，使其思想感情发生改变或将原有的思想提高到新的层次，特别是那些只能意会、不能言传的东西。杜甫的诗句“好雨知时节，当春乃发生。随风潜入夜，润物细无声”就是环境渗透作用的写照。环境渗透作用正是通过这种耳濡目染对情感的熏陶感染来实现的。正如列宁指出的，没有人的情感，就从来没有也不可能有人对真理的追求。

3. 教育示范功能

高校德育环境对青年学生的思想政治品德的形成、发展及德育活动具有教育示范功能。具体表现为以下三方面。一是教师人格榜样的示范。教师尤其是与学生联系最多的专兼职班主任和辅导员，通过言传身教，以自身的政治态度、品德作风和生活方式等对学生的政治观、人生观、价值观、道德观产生直接影响。许多学生的思想作风、兴趣爱好和行为习惯都深受教师的影响。二是学生身边的榜样示范。大学生的年龄结构、社会阅历、知识水平、兴趣爱好有相近或一致的特点，因而他们所在的环境中受到奖励或舆论褒扬的先进人物和事迹对他们的道德、情感和价值观的形成有着最直接的重要影响。学生中受表扬和奖励的好人好事会成为学生效仿的对象及进步的动力。反之，对违纪学生进行处罚，也会使学生努力去避免这种行为在自己身上发生。三是社会模范典型的示范。“雷锋精神”影响了几代人，时至今日早已成为一种民族精神，并且以后还将继续产生深远的影响。孔繁森、杨善洲等优秀共产党员的事迹也深深触动着大学生的心灵。张海迪和被誉为当代中国第一位“轮椅上的女博士”的南京师范大学教师侯晶晶，更激励着大学生自强不息。这些社会模范典型的光辉业绩和高大形象容易引起学生心理上的共鸣，使学生产生向他们学习的愿望，进而把这种愿望转化成为学习的动力。此外，渗透于校园雕塑、学习园地、教材中的各种英雄、劳模、科学家、文学家等杰出人物的先进事迹，也对学生具有示范作用。

4. 驱动反馈功能

高校德育环境对青年学生的思想政治品德的形成、发展及德育活动具有驱动反馈功能。高校德育环境是动态变化的。变化的环境必然会给学生的个性特征及思想品德带来新的变化，也会给高校德育带来新的研究任务。高校德育要想取得良好的效果，就必须研究客观环境，揭示环境的运动变化的特性，根据变化的环境、变化的教育对象，不断调整教育目标，选择相适应的教育内容和方法，把握环境构成的各因素之间的相互关系及其对人的思想产生影响的规律，为人的思想政治品德健康发展创造良好的成长环境。高校德育环境的驱动反馈功能具体表现为：一方面，社会通过正向的信息传导及逆向的信息反馈，不断向学校发出指令性或指导性信息，对高校德育工作做明确的要求，学校会根据社会要求进行德育环境的改进，并对院系、年级、班级、宿舍等环境层次进行优化，直至对德育对象提出要求，施加影响，同时，社会环境也根据德育对象的社会化行为做出的反馈进行调整；另一方面，国际重大政治经济动荡，国家重大政治经济事件或重大灾害等德育社会环境因素的突发性、偶发性变化，引起高校德育环境要素的反应与变化，这是非常规性的，也是无序的驱动反馈。

5. 心理建构功能

高校德育环境对青年学生的思想政治品德的形成、发展及德育活动具有心理建构功能。具体表现为以下两方面。一方面，大学生因为外部环境的因素，如市场经济的确立、竞争机制的导入、生活方式的变化、中西文化的碰撞、价值观念的冲突等，产生压抑、焦虑、茫然等一定程度的心理疾病，又由于内部环境因素，如学习生活紧张、竞争激烈、人际关系复杂、业余生活单调、就业压力大等，面临无所适从的心理状态。这就使得德育在心理品质培养中有着特殊的地位和作用，也使得健康良好的心理品质成为德育的心理基础，把德育和心理教育结合起来成为德育方法改革的重要环节。另一方面，由于学校的育人环境具有特定的导向功能，因此，它对学校的环境氛围具有特定的调节作用。这些环境能在一定程度上推进大学生心理品德的健康成长，使学生具有健康的个性心理和完善的人格特征。

三、高校德育环境的基本特征

高校德育环境从结构上来说，具有结构的复杂性、整体性、有序性；从本质上来说，具有政治性、广泛性、创造性、开放性和渗透性。

（一）结构上的特征

1. 复杂性

高校是社会的一个重要组成部分，大学校园被称为社会的“晴雨表”，高校与社会有着不可分割的联系，社会环境的复杂性决定了高校德育环境的复杂性。学校自身也为学生的成长成才提供了各种物质、精神环境，这些环境因素对大学生的思想和行为无时无刻不发生作用。此外，高校德育环境由于性质不同，对大学生的作用方式也各不相同。它们有的是有形的，有的是无形的，有的表现出直接的、具体的影响，而有的则表现出间接的、渗透性的影响。各种不同的影响方式之间既相互联系，又相对独立，交互影响着大学生思想政治品德的形成和发展。这在一定程度上也构成了高校德育环境结构上的复杂性。

2. 整体性

高校德育环境各要素之间密不可分、相互协调的关系，又体现了高校德育环境结构的整体性。也就是说高校德育环境的功能和作用是在特定的结构中产生的，是有机联系的，牵一发而动全身。除了各要素间密不可分的关系之外，高校德育环境结构的整体性还表现在各要素之间的彼此协调，也就是说，在一定的环境中，各因素的存在不是机械的、独立的，而是相辅相成、相互配合、相互作用的。高校德育环境只有发挥好整体功能，才能对学生的思想行为产生最大的影响和制约作用。

3. 有序性

高校德育环境从时空上来讲体现了结构上的有序性。从时间上看，高校德育环境各因素不是一成不变的，而是变化发展的，是与大学生身心发展要求和规律相一致的，前后更替具有有序性。从空间上看，高校德育环境各因素是相对独立的，是德育环境大系统的一个子系统，这些子系统处于不同的位置，充当不同的角色，其本身又是一个独立的功能体，它们在构成德育环境系统时具有一定的结构和层次，具有有序性，并各自有相应的功能。一方面，高校德育环境是各因素按照一定的结构形式组合而成的有序系统；另一方面，高校学生思想活跃，接触面广，乐于接受新事物，其思想政治道德会随着环境的变化而不断发生变化，但这种变化并非杂乱无章的，会呈现出一定的规律性。

（二）本质上的特征

1. 政治性

学校德育历来被视为再生产既定的政治关系的重要工具。学校德育的这种政治关系再生产功能先通过学生的政治社会化、实现政治角色的认同而实现，再通过培养学生自觉的阶级意识而实现，还通过对不同阶级、阶层的融化、改造而实现。所以高校德育环境在本质上具有政治性。我国从社会到高校，包括家庭，要营造各种各样的环境来培养德才兼备的社会主义事业合格的建设者和接班人。此外，从社会生活的角度看，高校德育环境在一定程度上是高校学生的社会生活环境，而无论是宏观的国家、法律、道德、社会意识，还是微观的个人思想与行为，都受到政治的直接或间接影响。既然社会生活环境不可避免要打上政治的烙印，那么，主要由社会生活环境构成的德育环境自然也有政治性。再者，高校德育对社会政治也有着巨大影响，可以引导人们对政治目标做出正确的选择，高校的文化传承与创新更是引领着社会文化的繁荣与发展。

2. 广泛性

世界是普遍联系的，万事万物都处在一定的联系之中，人与周围的事物存在普遍的多样的联系。因此，无论是已经认识到的自然和社会对象，还是尚未认识到的，都可能构成环境。随着人们对人类社会文明史认识的不断深入和发展，人类活动范围不断地扩大，人们对未来的预测、分析及创造环境能力的加强，环境的时空在不断拓展。作为传承、发展人类文明的重要场所的学校，尤其是作为社会高层次人才培养摇篮的高等学校，更会与社会客观存在直接或间接的联系，一旦现实社会环境发生变化，高校德育就会为适应其变化而变化。

3. 创造性

由于德育环境具有可变性，总是处在不断发展变化的状态之中，这就给我们发挥创造性，促使其朝着积极影响的方向发展提供了可能。即当现实的德育环境对人的思想品德及德育活动发生影响时，我们能够积极发挥主观能动性和创造性，引导和改造现实的德育环境，使之有利于德育活动和德育对象的身心健康发展，从而促进德育目标的实现和德育任务的完成。

4. 开放性

德育是对人的思想与道德施加影响的活动。德育环境具有广泛性，导致德育的环境很难固定。除此之外，德育环境也不能被人为地封闭起来。所以，影响德育环境的因素在空间上没有固定界限。社会存在决定社会意识，社会意识是对社会存在的反映，但社会意识具有相对独立性。人们的思想道德不仅是对现实的反映，而且也会受到历史和未来因素的影响，因此德育不可能机械地固定在某一时间或某一个界限内。这就说明高校德育环境无论是在空间上还是在时间上都具有开放性。

5. 渗透性

高校德育环境对学生的影响不是直接的，主要是间接的熏陶，是一个长期的潜在的过程，这种潜移默化的隐性效应使得环境对高校德育的影响不直接显露，不能引起即时的反应，而必须通过对社会、经济、政治、文化等各种信息进行筛选、吸收、积累，将其渗透到对学生世界观、人生观和价值观的形成和思想品德的发展中以产生影响。例如，优秀的文艺作品能对学生起到鼓舞士气、振奋精神的积极作用；健康向上、丰富多彩的校园文化活动，能够创设一种文化氛围，发挥教育功能、导向功能、审美功能和娱乐功能，帮助学生树立正确的人生观、世界观和价值观。总之，高校德育环境对人的影响不是强制的、直接的，而是通过感染、熏陶，使人在不知不觉中接受教育，是一种渗透性的、积累式的影响。

首先，学校教学活动是高校最基本、最重要的活动。教师的才识、风度、气质、品行以及教师的严谨治学态度和敬业精神，给予学生的影响是深远的，其作用无疑也是最大的。因此，优化教学环境，就是提高广大教师的专业教学水平和思想道德素质，使之做到言传身教、为人师表、在教学中育人。

其次，建设高品位的校园物质环境和文化环境，对师生思想品德的形成与发展产生了积极影响。在校园物质环境建设方面，要加强教学楼、图书馆、公寓、食堂、体育馆以及其他活动场馆等的建设，为学生营造良好的学习和生活环境。校园文化环境是高校德育环境的支撑环境。优秀的校园文化是潜在的教育力量，对德育具有凝聚功能、激励功能、约束功能和导向功能。高校要大力加强校园文化建设，并以此作为加强学生思想政治教育的有效途径，构建以师生为本的教育理念、价值取向和思维方式，以具有校园特色的人际关系、行为方式、生活方式以及学生社团和兴趣小组的各项文化活动为表征的精神环境和文化环境。

再次，高校学生管理工作也是实施德育的重要途径。管理是为教育服务的，而教育又以德育为先，因此，学校管理工作应处处体现德育的原则。高校可以从学生管理体系及日常管理方面优化管理环境，做好德育工作。

最后，高校各项服务工作也要发挥德育的育人作用。高校后勤、宿舍、食堂、商店等服务部门的质量和效率，对学生的德育也有很大影响。学校食堂和宿舍管理直接与学生的切身利益有关，往往是管理部门和学生之间发生矛盾最多的地方。高校必须在提高管理部门服务质量的同时，加强员工和学生之间的相互了解和沟通，消除隔阂，建立融洽和谐的关系，发挥较好的德育功能。

第二节　高校德育教育环境的基本构成

一、高校德育环境的结构系统

关于德育环境的结构系统，戴钢书在《德育环境研究》一书中做了详细分析。他认为，依据马克思关于环境创造人、人创造环境、环境的改变和人的活动统一于实践这一辩证唯物主义和历史唯物主义的基本观点，吸收前人对德育环境、人的认知实践与评价以及人的思想政治道德素质三者之间关系进行探索研究所取得的理论成果，运用现代社会的系统分析方法，我们可以把德育环境、人的认知实践与评价、人的思想政治道德素质看作德育环境理论中的三个要素。在这三个要素中，我们可以把环境看作客体，把人的思想政治道德素质看作主体，把人的认知实践与评价看作客体对主体发生作用的中介。

由这三者形成的结构就是我们所说的德育环境“三维结构”。德育环境、中介、人的思想政治道德素质三者之间的关系是：一方面，德育环境对人的思想政治道德素质产生影响作用；另一方面，德育环境也通过中介因素对人的思想政治道德素质产生影响作用。这三者之间的关系可用下图来表示：

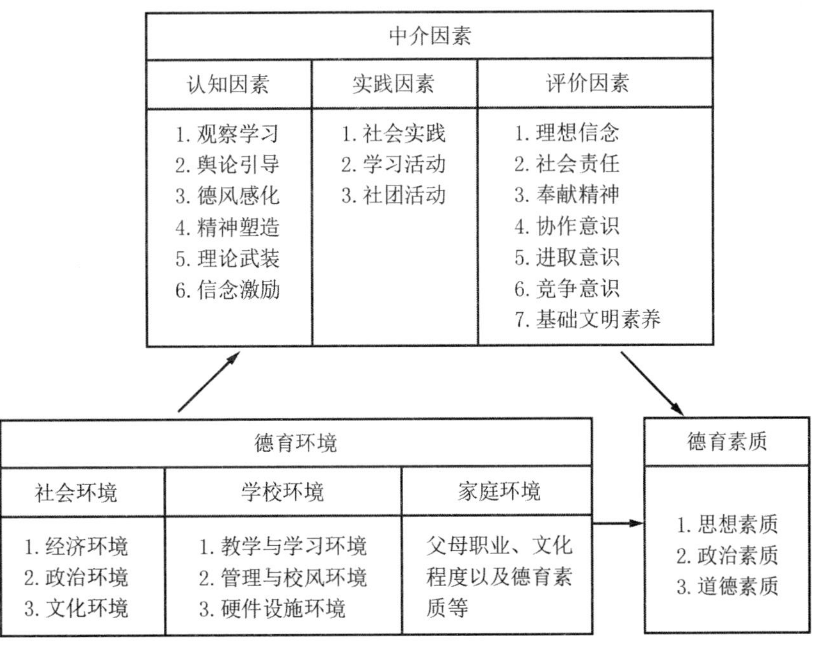

图 4-1　德育环境、中介、人的思想政治道德素质

根据以上分析，具体地对德育环境内涵要素进行分解，理解高校德育环境结构系统中德育、环境、人三者之间的互动性关联，有助于我们对高校德育环境进行进一步深刻的把握。

首先，德育环境对人的思想政治道德素质的影响体现了人和环境的关系。德育为两者之间的和谐关系提供了关联性基础和价值性要求。环境为人的生存和发展提供了各种可能性的物质资源，并同时不断影响人的精神生活。社会的政治、经济、文化、社会生活和学校生活的各个方面，以法律、道德、风俗、其他的社会规范和学校的各种规章制度等形式表现出来，并对人们的思想行为进行导向和规约。人在受环境影响的同时，也通过自己的活动不断改造环境。人们思想观念的具体存在的形态表现，大到社会各种学说、思潮、多元的价值观及社会导向、社会风气、社会心理等，小到校风、班风、家风等，精芜杂陈、层次不一，并总是处于不断碰撞、交融、衍生、变化的过程中，它的变化发展过程及其趋向，都会对现实环境形成冲击。

其次，德育环境通过中介因素对人的思想政治道德素质的影响体现了德育和人的关系。环境是德育活动实施以及人在德育活动中品德形成的必要的手段和中介。环境在德育过程的各个阶段都影响着个体品德的形成，对人的道德认知、道德情感和道德实践发挥着重要作用。

最后，德育和环境的相互关系体现了人始终是联结两者的逻辑起点和现实终点。德育实施的主体和客体都是人，教育者和被教育者在德育活动的互动过程中推动着德育的建设和发展。而环境作为人的外部存在，在德育过程中，也是通过人的目的性改造而为德育服务的。

德育环境是一个由若干层次的复杂多元的要素构成的系统，根据不同的标准可以将德育环境划分为不同的类型。从德育实践的空间范围来划分，可将德育环境分为社会大环境，社区环境、家庭环境、学校校园环境和网络以及大众传媒环境。另外，从学生个体发展人际范围来划分，可以将其划分为四类人际环境，即家庭成员、社区邻里、学校教师、同辈群体。

二、高校德育环境的构成

根据德育环境的结构系统分析，我们将高校德育环境分为社会环境和学校环境两大部分，也可以称为外部环境和内部环境。

（一）外部德育环境

高校外部德育环境是指较大范围内环绕学生的需求，直接或间接影响和制约大学生思想政治品德形成和发展的各种外部因素的总和，主要包括社会经济、政治、文化等宏观环境和家庭微观环境等。

1. 社会经济、政治、文化等宏观环境

经济环境是最基本的环境因素，直接影响德育的要求和规格，决定德育的发展水平。不同的生产方式对人的思想政治品德的要求是不同的，社会经济环境以其特有的生产方式对人的思想政治品德产生直接影响。在社会主义社会，我国实行以公有制为主体、多种所有制共同发展的经济制度，以按劳分配为主、多种分配方式并存的分配制度，这种经济环境要求在全社会弘扬以为人民服务为核心、以集体主义为原则的思想政治品德。同时，经济环境还通过对政治、文化等其他环境因素的影响来间接影响德育，繁荣的经济环境能激发人的内驱力，鼓舞人的意志，振奋人心，有助于人形成积极向上的思想政治品德，而衰退的经济环境则容易使人失去动力而意志衰弱。

政治环境是形成人的政治观的外在重要因素，也是实现人的政治社会化的客观条件。政治环境决定了我国高校德育的目标、内容、基本原则等，因此德育必然要把视野投向社会政治环境，从中把握学生的思想政治品德形成、变化的规律性，通过进行党的基本路线、方针、政策的教育来提高学生坚持党的领导和坚持中国特色社会主义道路的自觉性，通过进行社会主义民主、法治的教育来提高学生辨别是非的能力，增强他们遵纪守法的意识，通过形势政策教育、党史国情教育来使学生对周围环境、社会生活、社会关系有正确的认识，帮助他们树立正确的政治立场和价值观念。

文化环境是人们在精神文化支配下的各种行为联系而构成的社会文化关系。社会文化环境通过融合各种教育因素间接地潜移默化地影响人的思想面貌和价值取向。当前坚定不移沿着中国特色社会主义道路前进、实现“两个百年、两个翻番”、实现奋斗目标、实现中华民族伟大复兴的中国梦，作为全社会的共同理想和精神支柱，就起到精神动员的作用，激励学生坚定信念、明确方向、开拓进取。此外，高雅、健康、进步的文学艺术作品、新闻出版作品、广播电视电影作品等能够滋润人们的心灵，升华人们的精神境界，良好的社会风气、社会思潮、社会心理等因素也潜移默化地影响学生思想政治品德的形成。

2. 家庭微观环境

家庭作为社会的细胞，是社会组成的基本单位，也是品德教育的前沿阵地。家庭成员的言行对子女的思想、品质、作风的形成具有潜移默化的作用。可以说，家庭是人生的第一所学校，父母是子女的第一任老师，父母的言传身教和家庭的熏陶对孩子的成长和发展至关重要。改革开放和社会主义市场经济的建立和发展，为家庭环境建设奠定了物质基础。现在家长为了让孩子适应社会，在家庭教育上不惜血本进行投资，花费了大量财力、时间和精力，某种意义上说这是家庭环境建设的很大进步与发展，但这种无微不至的关怀、照顾甚至包办，也使得一些子女缺乏独立自主的能力和自强的精神，有的因为逆反、不适应挫折和困难等造成严重的心理问题，还有的没有勤劳简朴、艰苦奋斗、团结协作的品德而不适应大学的学习和生活，因此家庭环境对高校德育的影响已随着经济和社会的发

展而不断增强。为此，重视家庭环境建设是提高德育实效的重要环节。要着力提高全民的素质，家长素质的提高是家庭环境建设的根本和保障。要在全社会大力弘扬中华民族优秀传统文化，并吸收世界先进文明成果，形成有时代特征、民族特色的家庭美德。学校要采取一定的方式培养家长家庭教育的意识和能力，并倡导家长以身作则、率先垂范。总之，加强中华民族的德育建设，必须从家庭抓起。家庭德育氛围也是高校德育环境建设的重要着力点。

（二）内部德育环境

高校内部德育环境，是指直接或根本影响和制约大学生成长成才、思想品德形成和发展以及影响和制约高校德育工作及其成效的各种内部因素的总和。高校内部德育环境主要包括校园硬环境，即物质环境；校园软环境，即高校学术环境、高校文化环境、高校管理环境以及高校生活环境等。

1. 校园物质环境

物质环境是影响大学生道德品质形成和发展的重要因素，良好的物质环境有利于产生良好的德育效果。校园物质环境是指校园内对学生的学习和生活产生影响的一切物质条件的总和，主要包括由学校的建筑、设施设备、活动场地、绿化美化和景点设置等构成的自然地理环境、人文景观、教学科研设施、文化基础设施。学校的德育离不开特定的校园，校园物质环境既是学校生存发展的基本条件，又是精神环境中的各种因素的载体。虽然物质环境是没有生命和感情色彩的客观存在物，但如果能够按照有利于育人的要求，遵循德育规律，匠心独运地加以精心设计构造，就会使其散发出生命的灵性，引起人们对美好事物的向往，激发人们对美好生活的追求，从而使其所蕴含的人文底蕴和自然和谐的美感及所表现的文化观念、文化内涵成为影响学生道德品质的强大外部物质力量，并对学生的思想道德素质产生潜在的影响。因此，校园物质环境建设得好不仅有利于学生控制情绪、调适行为、陶冶情操、美化心灵，还可以启迪智慧，激发灵感，使学生时时感到精神和生活的愉悦。

2. 高校学术环境

科学研究是高校的主要功能之一，大学素以灵动的学术气息而意蕴深邃，充满求真的科学精神与求善的人文精神就是高校的学术环境。学术活动既是学者的活动，又是教育学生的活动，同时也是德育工作者教育人、启迪人、感染人、熏陶人、引导人的活动。高校学术环境充满对学生的终极关怀，充分调动了学生成长成才的自觉性与积极性。我国古代先后出现了“百家争鸣，百花齐放”“罢黜百家，独尊儒术”的学术氛围，这与当时统治者对学术的关注是分不开的，而今，学术自由、和谐成了大学校园学术氛围的共识。清华大学老校长梅贻琦先生曾说过：“所谓大学者，非谓有大楼之谓也，有大师之谓也。”自由的学术氛围要求学生培养求实的科学精神，培养创造性、批判性的思维，培养自主、自强的独立人格。学术环境及学习氛围如何是一所高校是否兴旺发达的标志。

一所大学是否具有社会影响，能否对社会做出应有的贡献，不取决于大学的地理位置、建筑、师生多少，而取决于该校的学科建设、学术水平和学术氛围，取决于有多少科研成果转化为现实生产力及其对社会贡献的大小。

3. 高校文化环境

高校文化环境是指影响高校德育的各种文化要素的总和，包括国家的思想和意志、民族传统文化、社会的道德风尚等在高校的文化体现以及高校本身的各种文化因素。“中央 16 号文件”指出：校园文化具有重要的育人功能，要建设体现社会主义特点、时代特征和学校特色的校园文化，形成优良的校风、教风和学风。新时期高校德育工作必须营造良好的校园文化环境及氛围，始终代表中国先进文化的前进方向，并充分发挥其在人格塑造中的调节和导向功能，做到以科学的理论武装人，以正确的舆论引导人，以高尚的精神塑造人，以优秀的作品鼓舞人。校园文化是以校园为中心，以丰富和活跃学生课余生活，培养全面发展的合格人才为目的，并由广大师生直接参与和组织的一系列活动所形成的一种精神环境和文化氛围。校园文化的灵魂和核心就是校园精神，校园精神是深层次的群体意识，又是群体的向心力和凝聚力，是校园群体共有的价值认同、价值取向和行为方式。校园文化环境从广义上讲，是指教职员工在学校教学、工作、学习过程中共同形成的物质条件和精神条件的总和；从狭义上讲，是以学生为主体，以教师为主导，在学校这个空间范围内所逐渐形成的精神文化形态。树立优良的校风是创造良好的校园文化环境的核心内容。校风是校园文化的本质表现，是学校教职员工共同形成的，具有办学特色的、全局性的、稳定性的精神力量和行为作风，是学校管理和办学水平的集中表现。

校园文化环境对大学生的精神风貌和态度情趣具有同化作用，对大学生的道德品质的形成起着重要的塑造作用。因此，高校应开展丰富多彩、积极向上的学术、科技 .体育、艺术和娱乐活动，把德育与智育、体育、美育有机结合起来，将德育寓于文化活动和社团活动之中。为德育工作创造良好的文化环境，是高校德育环境建设面临的重要课题。

随着信息技术的迅猛发展，网络环境成为校园文化环境的崭新领域。网络环境的交互性、即时性、便捷性、开放性、匿名性、平等性等特点，为学校德育提供了丰富的信息资源，拓宽了学校德育渠道，使学校德育环境建设最大限度地实现了社会化。但网络是一把双刃剑，在给高校德育带来积极影响的同时，也不可避免地带来了负面作用，这为高校德育环境建设提出了一个全新的课题。

4. 高校管理环境

管理环境主要包括制度环境和组织环境。制度环境作为高校德育的软环境，为高校德育的开展和实施提供了基础性的安排和保障。“没有规矩不成方圆”，没有切实可行的规章制度，即使有最好的环境条件，环境建设也不能协调发展。现代德育已区别于传统的言传身教和上行下效，不再是一种随意性和自发性的教育方式，而是一个制度性的活动，因此，制度环境日益成为高校德育环境的重要组成部分。制度不但推动德育环境不断优化，还保证德育环境建设井然有序，强化德育环境对大学生的道德感染和熏陶作用。制度环境由维系学校生活和各种关系的规章、规则和制度构成，具体包括师生道德行为规范、校园管理制度等。制度环境一旦形成，就具有一定的稳定性和普遍的约束力，要求大家共同遵守，不得随意更改和破坏。高校德育活动是由各级互相依存的组织实体机构来实施的，高校德育环境自然也包含作为高校软环境的组织环境，它是高校实施德育的组织保证。高校德育必须在组织的团队中，在各级组织的相互配合支持下才能发挥系统性和有效性。组织的重视程度、理念方法、理论研究水平和实际工作能力等都在很大程度上制约着德育建设的发展。组织环境主要包括德育工作的领导体制和德育队伍状况。有效的领导体制是高校德育环境协调、有效建设的根本所在，高素质的德育队伍是建设高校德育环境的人力保障。

5. 高校生活环境

高校生活环境主要指在特定空间范围内形成的社区氛围和人际环境。其中社区氛围主要是指在大学生宿舍等生活园区形成的生活、交往、文化等氛围。宿舍将不同地域、不同生活背景、不同专业、不同素质的学生集合成一个小群体，在这个小群体中他们朝夕相处，心灵沟通，情感交流，学习帮助，相互影响，形成特定的生活环境，这种环境极具影响力和感染力。高校德育的人际环境是大学生与其所能接触的人通过交往形成的主要以情感为基础的相互关系和氛围，是一种交往环境。良好的人际环境不仅是大学生学习、生活的重要保证，也是学校德育价值的重要体现。高校生活环境不仅会影响德育主客体的价值导向和行为模式，还会影响德育主客体的思想情绪和工作动力。

在高校德育环境的构成中，除上述主要构成因素外，还有一些其他环境因素，即对主要环境起支持、维护、保证和促进作用的环境。这些环境虽然对大学生思想品德的形成、发展造成的影响不如上述主要环境那样强烈，但是这些环境控制和建设的好坏，同样会给高校德育工作造成重大影响，甚至直接对主要环境起促进或阻滞作用，因此也是高校德育环境中不可或缺的因素。这些环境主要包括：高校的精神和办学理念；雄厚的办学实力与社会影响；所在城市完善的基础设施建设；国家的法律法规和政策；等等。

（三）高校德育的内部环境与外部环境的关系

在高校德育环境构成中，宏观的社会环境是影响高校德育的大背景，控制、影响、决定着其他环境的总体状况。学校环境是高校德育环境的重要组成部分，它对德育活动及学生的思想政治品德的形成和发展非常重要。社会环境针对社会大众层面，学校环境主要针对学生群体或个体，但这并不意味着社会环境和学校环境是对立的、毫无关系的，更不是“井水不犯河水”，它们之间存在一种互动关系。学校是社会的组成部分。学校环境的形成和发展离不开社会环境的影响和作用。社会环境对高校德育的影响一般是通过学校环境实现的，反过来学校环境的营造又会影响社会大环境的整体建设。

学校外部环境和学校内部环境对学生的影响是纵横交错、互相制约、互相影响的。学校外部环境是内部环境的背景和基础，而优化学校内部环境又能对外部环境建设起促进作用。因此高校德育环境建设要正视现实，扬长避短：既要看到学校外部环境中的有利因素，引导学生认同和接纳它，又要看到外部环境中的不良因素、弊端和危害，引导学生加以抵制和摒弃；既要加强学校内部环境的建设，优化育人环境，又要加强对学校外部环境的优选和调控。实践证明，正确处理高校德育内部环境和外部环境的关系，才能更好地建设高校德育环境。

第三节　高校德育教学环境的创新优化

一、高校德育环境优化的原则

（一）继承性与创造性相协调的原则

马克思主义认为：“人创造环境，同样环境也创造人。”环境作为一种社会存在，对人的政治品德产生潜移默化的影响和制约作用。创新型大学德育环境的优化既要继承以前好的传统，又要根据变化的情况来进行积极的创新，以创造更加合适的德育环境。坚持继承性与创造性相协调的原则，就是要把握并遵循环境对人思想影响的规律来育人，实施道德教育，促进人才健康成长。

（二）物质环境与精神环境相结合的原则

高校德育的物质环境是学校德育环境的硬件部分和物化表现形式，它既是学校生存发展的基本条件，又是精神环境中的各种因素的载体。精神环境是由高校内部各种心理精神因素构成的一种无形的德育环境，是学校在较长时期的发展过程中逐步形成，为全校师生所认同，并带有本校特色的群体意识和精神氛围，包括校风、班风、教风、学风、领导风格、教师言行，尤其是包括校园宣传舆论环境和校园人际关系环境等。坚持高校德育物质环境与精神环境相结合的原则，既要为学生创造优越的物质环境和条件，更重要的是为其营造温暖舒适、和谐融洽、民主团结、奋发向上、开拓创新的精神环境。

（三）科学性与灵活性相统一的原则

高校德育环境优化的思维和方式不能一成不变，要有灵活性。科学性与灵活性相统一的原则要求德育环境的优化既要遵循教育学、心理学、社会学等学科的科学理论，又要在具体方法和内容上因地、因时制宜，灵活运用。坚持科学性与灵活性的统一，不仅要使德育环境的优化具有科学性，而且要运用各种灵活多样的方法，使高校德育环境适应创新型大学的建设，为国家培养各种综合性、全面性、专业性和创新性的人才。

（四）主体性与开放性相联系的原则

"优化当代我国的高校德育环境是一项长期性、系统性的工程需要多方面的努力。不仅复杂多变的国际环境、国内社会环境能够影响我国高校德育的宏观环境网络环境、校园文化和家庭因素也能为高校德育活动的开展和德育环境的优化带来新颖的办法。"① 主体性原则即以人为本，弘扬主体精神，尊重人的主观能动性、调动人积极性的原则。主体性原则是学校思想政治教育工作的出发点和归宿。开放性原则指学校环境优化中要加强各方的联系，按照开放办学的模式搞好环境建设。高校德育环境优化要特别重视主体性与开放性，及时、有效地根据变化的形势对学生进行有效的道德教育，不能关门办学、闭目塞听。既要重视学校传统，更要关注现实；既要坚持自己的办学特色，又要不断从现实中引入源头活水，吸收他人的经验；既要发挥学生的主体性，又要加强开放性，形成一种自主独立、积极开放的德育环境。

二、优化高校德育环境的策略

（一）树立环境开放意识，大力优化高校德育的社会环境

"当前，高校教育教学工作的开展不仅要使学生掌握各学科的知识，同时也要加强对学生的德育教育，帮助学生塑造健全的人格，培养学生高尚的道德情操和优秀的品质。"② 随着改革开放范围的不断扩大，高校面对的是一个更加复杂、多变、新奇的世界，交往范围的扩大、各种文化观念的冲击、不同角色和行为方式的转换，必然会引起思想方式、价值观念的深刻变化。高校德育只有与现实生活相碰撞，在多元文化与多样价值观的影响下，才能使思想政治教育主客体与环境之间保持动态平衡。

首先，高校必须建立一种德育长效机制，在党委领导下，团委、学工、教学、管理等部门紧密配合、协同作战，加强思想政治教育和宣传工作，做好社会舆论导向，加强社会精神文明建设，形成齐抓共管的工作局面，为学生成长成才营造良好的环境，这是优化高校德育社会环境的根本保证。

其次，引导学生正确认识和对待社会环境的影响。面向世界的人才不仅要有参与世界竞争的智能与科学技术水平，也要有面对世界复杂局面的思想、道德和心理素质。对学生这些思想、政治、道德、心理素质的培养与形成，是高校德育的重要职责。高校要

① 仇曼莉.论当代高校德育环境的优化[J].现代交际，2016（14）：162.

② 刘阳.新时代高校德育建设的创新研究[J].智库时代，2020（13）：206.

从社会生活现实和学生的思想特点出发，积极引导学生正确认识国际、国内形势，通过比较、鉴别、选择等教育方式加强对学生的综合化教育与社会化教育，对社会现实问题加以分析和探讨，有针对性地为学生解惑。此外，高校要积极开拓社会实践活动，让学生在价值观念多样化、道德观念多元化的现实生活中，感受和体验社会的复杂性，提高辨别是非的能力。

（二）注重家庭教育，努力营造良好的家庭环境

随着家庭结构以及相应生活方式的改变，家庭教育的功能被赋予了新的内涵。优化高校德育环境，必须优化学生成长的家庭环境。

首先，转变家庭教育观念，树立德智并举的素质教育新理念。目前，家庭教育与教育伦理道德的冲突现象较为严重，很多家长在教育上将“望子成龙”“读书成才成大器”作为衡量孩子素质高低的标准，忽视了对孩子的道德教育。家长的教育理念在很大程度上决定着子女成长的方向，家长应该树立“德智并举”的素质教育新理念，不仅要重视孩子的智育，而且要根据家庭的特点，结合孩子的实际情况，选择家庭教育的内容，提高家庭教育的针对性和实效性。

其次，探索具有时代特色的家庭教育方法。对于因家庭结构变化带来的独生子女、离异家庭子女和单亲家庭子女，每个家庭都应从子女个性心理发展特点和思想实际以及时代发展的要求出发，采取科学民主的教育方式，增加对子女身心健康发展和心理素质的教育，重视对孩子道德品质和创新意识的培养，使其形成独立自主、勇于挑战、善于选择的个性心理品质。由于缺少家庭教育的指导，缺乏严格的教育规范和正确合理的操作方式，致使现实中还存在许多强制的、简单粗暴的、急功近利的、单纯灌输的不合理的教育方法，家庭教育效果低下。现代家庭教育应坚持双向互动的原则，家长与孩子要互相沟通，要在互相保持各自独立性、尊严的基础上继承传统家庭教育的道德精华，构建现代家庭教育伦理规范体系，把追求和促进个体的幸福作为家庭教育伦理建设的目标，探索家庭教育的科学规律，努力营造和谐、平等、严教相结合的良好的家庭氛围。

（三）加强高校网络管理和运用，营造良好的网络德育环境

建立完善的校园网络是提高高校德育工作水平和实效性的重要手段之一。

首先，要确立新的网络德育观念，充分发挥网络的交互性功能。在德育体制上，要树立整体育人的观念，实现从单一现实德育向现实德育与网络德育相结合的整体育人方向转化；在德育内容上，树立德育多样性观念，实现单纯从物理空间确定内容向从物理空间与虚拟空间相结合选择内容转化；在德育方式上，树立主体间性观念，实现从单向传授向多向互动、自主选择方式转化；在德育时空上，树立跨时空观念，实现从学校德育向由学校、家庭、社会德育与虚拟德育相结合的方向转化，使高校的德育工作形成全方位的立体格局。

其次，要充分利用网络资源，加强学生文化素质教育和自律教育。在网络条件下，多

媒体技术的使用使教育内容的形态从平面化走向立体化、从静态变为动态、从现实时空趋向超时空；网络所具有的超信息量和信息多样化的特征，使教育内容变得丰富而全面，并且具有相当大的可选择性。在这种情况下，高校必须建立宽带校园网络和电子图书馆，充分利用网络的图书和专业信息资源，拓宽学生的知识视野和交往空间，从而自觉设计成长目标和优化发展方式。在现实社会中，学生通过比较、判断、选择和确立适合自己发展的目标和规范，自主培养创新精神与创造能力。

最后，要建立专业化网络德育工作队伍，增强德育的针对性、实效性与直观性。无论是高校德育指导思想的制定、贯彻，还是信息系统的建立、维护与改善，都离不开既有过硬的思想政治素质，又具备较高网络技术和信息管理能力的德育工作队伍。网络德育要求高校思想政治教育工作者必须具备良好的信息素质、较强的信息管理能力和信息道德。因此，学校应尽快对德育工作者进行系统的网络培训教育，培养其高度的工作责任心，让他们充分利用互联网收集信息，摸准学生的思想脉搏，立足高校师生精神文化生活特点，开发有影响力的正面的教育软件和建立有吸引力的学生教育网站，创建学术报告网、高雅艺术网、心理咨询网等具有各校特色的网络文化平台，加强网上舆论教育的引导，满足学生的发展愿望和多样性需求，服务学生的全面发展。

（四）利用高校的教学、管理、文化功能，大力优化高校德育内部环境

首先，学校教学活动作为德育的主阵地，教育者与受教育者都有权利和义务推动德育的发展。德育过程同时也是教育者和受教育者德育主体性发挥的过程。高校德育应该给学生创造自由发展、有秩序、愉快、充满生机的德育环境。教师应从主导地位变为辅助地位，更多的是作为知识的启发者，而非灌输者；要鼓励学生敢于对传统道德规范提出质疑、提出挑战，让学生主动去选择、判断；应尊重学生学习和探索的权利。高校德育教学与德育活动应从学生发展的利益出发，统筹教育中的各种生态因子，尽可能地扩大课堂教育的有形空间，给德育提供健康的、有利于学生发展的新环境。

其次，建立科学合理的学生管理体系，加强日常工作管理。高校要把德育工作放在首位，建立一套党委、行政、学生工作部、团委、辅导员一体的体系结构，做到层层制订德育计划，明确德育的任务和责任，形成制度，真抓实管，注重落实，相互配合。其中辅导员在学生管理和德育工作中发挥着承上启下的关键作用，肩负着了解、掌握并及时反映学生思想动态的任务，是学生管理系统的“感应器”，又是德育计划的具体实施者，是学生管理工作的“效应器”。因此，高校要重视辅导员队伍建设，提高他们的思想理论素质和管理能力。

最后，学校通过各种文化活动为学生素质拓展和开展德育活动创造有利条件，加快更多优秀合格人才培养的进程。通过多种多样的学习沙龙、书画笔会、演讲、辩论、诗歌朗

诵赛、话剧表演、知识竞赛，培养学生的主体性和能动性，调动学生的学习积极性，给学生营造一个开动脑筋、开发智力、发展想象力的良好环境氛围。同时学校为学生提供身心素质发展的平台，校团委、校学生会、大学生心理咨询中心广泛开展内容丰富的励志成才活动，不断提高学生的合作意识和人际关系交往能力，着力培养和塑造具有健康健全人格的学生，并通过参加志愿者服务活动，使学生在服务社会、帮助他人的过程中，丰富人生阅历，优化知识结构，更好地认识和了解社会，弘扬民族精神，传承民族美德，增强社会责任和自强意识。

第五章　高校网络德育教育及其创新发展

自20世纪90年代开始，随着信息技术的突飞猛进，互联网逐渐遍布人们生活的角角落落，一种新型的社会形态——网络社会日渐形成。从最初的科技领域，到贸易领域，再到社会生活的方方面面，自然也延伸到了高等教育领域。对高等教育而言，互联网早已不仅是一种技术抑或一个虚拟空间，整个网络社会构成了虚拟与现实交织的德育场域，对大学生产生着巨大的影响力。本章主要围绕高校的网络德育教育展开分析。

第一节　高校网络德育教育的内容与特征

一、高校网络德育教育创新研究的缘起

“新时代推进高校德育教育创新发展，对于培育时代新人的爱国情怀、加强时代新人的社会责任感、提高时代新人的品德修养方面具有重要意义。”[①] 高校德育实践是人才培养体系的重要组成部分，中国共产党在长期的革命建设、社会建设、经济建设过程中积累了宝贵的育人经验，形成了德育实践工作的优良传统和政治优势。高校德育工作旨在通过课程教学、实践活动、管理服务、校园文化等途径，有针对性地、有计划地对大学生进行政治、思想与道德等方面的教育和影响，从而端正学生的思想认识，培养学生的道德品质，提高学生的综合素质。多年来，高校德育工作形成了自身的宝贵经验和优良传统，同时也具有鲜明的时代感。随着社会的发展，高校德育的生态环境在不断变化，充分适应不同的时代境遇，解决不同的时代问题，保证高校德育工作的实效性，不断创新高校德育工作理念，优化工作方式，拓展工作手段，是高校德育工作不得不面对的时代课题。

（一）高校德育实践的信息化境遇

信息化、网络化是当今时代最突出的基本特征，也是自20世纪90年代以来，在世界范围内日益凸现的新现象。世界格局发展到当下，多极化的趋势、经济全球化的浪潮、信息化网络科技革命的迅猛发展，都把世界各国推向了一个更为广阔的世界舞台和重要的历史关口。信息化、网络化已经成为人们的日常工作和生活中不得不面对的现实巨变。

① 王佳琪.新时代高校德育教育创新发展的价值与路径研究[J].中国军转民，2023（04）：75.

信息化是充分利用信息技术，开发利用信息资源，促进信息交流和知识共享，提高经济增长质量，推动经济社会发展转型的历史进程。随着信息技术的不断发展，信息网络全面普及，信息产业持续创新，信息化已然成为世界经济快速发展的重要基础。21 世纪以来，信息化对社会生活的影响更加深入，进而向全方位的社会变革演进。网络化是指利用通信技术和计算机技术，把分布在不同地点的计算机及各类电子终端设备互联起来，按照一定的网络协议相互通信，以达到所有用户都可以共享软件、硬件和数据资源的目的。近年来，互联网已形成巨大的科技浪潮，它使计算机的实际效用得到极大的提高。互联网在商业、金融、管理、交通、教育等各行各业中，得到了广泛的使用，人们的衣食住行已经无法离开网络。信息化、网络化的境遇对我国社会各个方面的发展都有着重大的、积极的影响，但在看到互联网带来发展机遇的同时，也要看到其给我国高校德育带来了严峻的挑战。

一方面，高校的德育环境已经发生了深刻改变。社会信息化、网络化的大发展已经深刻改变了大学生思想品德形成和发展的外部条件。在传统社会，环境的同质性、稳定性和封闭性比较突出；在现代社会，环境的多维性、复杂性和开放性进一步增强，并出现了媒介环境、虚拟环境和竞争环境等新的环境因素。全球信息化和网络化的快速发展，为我国社会的高速发展带来了前所未有的机遇，但处在全球化的生存空间里，也必然要面对西方的政治、文化、价值观念的入侵。高校德育环境不再处于一个相对封闭、稳定和同质的空间，科学技术的发展为西方文化入侵提供了广阔的平台和空间，各种防不胜防的渗透方式，都对大学生产生着深刻的影响。如何充分利用信息化、网络化带来的便利，又巧妙地防止高科技带来的负面影响，是高校德育工作无法回避的重点难题。

另一方面，大学生的行为特征也发生了深刻的改变。当今大学生的行为特征已经发生了深刻的改变，他们学习要上网，收集信息要上网，购物要上网，交友娱乐也要上网。如此一来，大学生生活的方方面面都已经离不开网络，他们的学习习惯、生活习惯等都已经对网络产生了极大的依赖。高校如果不能积极地适应大学生的这种变化，不主动地改革和创新德育体系，势必会与大学生的行为习惯产生矛盾。这样会让学生产生厌烦和抵触情绪，让高校德育效果大打折扣。因此，信息化、网络化对高校德育的发展与创新提出了更高的要求。

（二）“互联网 +”时代的发展机遇

20 世纪 50 年代，第一代电子管计算机诞生，在经历了快速的发展历程后，计算机技术逐渐走向成熟。20 世纪 70 年代初，美国人首次将两台以上的计算机终端、客户端、服务端通过计算机信息技术的手段互相联系起来，最早的互联网就此诞生。从此，人们得以开始实现与远在千里之外的朋友们即时联系，发送邮件，完成工作，休闲娱乐。进入 21 世纪，互联网技术飞速发展，随着智能手机和可佩戴计算设备的出现，一场新的互联网革命正在悄然兴起。2012 年前后，关于大数据、云计算的话题在全世界范围内被广泛传播。随后的两年，一个大规模生产、分享和应用数据的时代正式开启，互联网的发展正引导着深刻的社会行为方式变革。

在党和国家“互联网＋教育”促进教育信息化，推进教育发展与创新的政策方针的指引下，教育领域也正在积极地拥抱“互联网＋”,“互联网＋”的普惠、便捷、共享特性，已经渗透到教育领域的各个方面。可以说在这样一个时代，高校德育也迎来了新的发展机遇。

首先，“互联网＋”时代为高校德育资源的配置和整合提出了一道难题。随着互联网的不断发展，人们表现出对互联网影响教育生态圈的担忧，互联网海量的信息和知识来源，可能会不经过滤地都变成学生的自我储备，这里面有很多糟粕信息，深刻地影响着学生的思想观念，让教育者们感到惴惴不安。但是，此时我们应该更多地看到“互联网＋”时代给高校德育带来的机遇。如何充分利用这些开放的、海量的教育资源，用先进的思想和理念对这些教育资源进行配置、整合、再加工，以培养学生形成正确的人生观和价值观，良好的道德品质和正确的思维方法，成为高校德育工作必须面对和攻克的一道难题。

其次，“互联网＋”时代为高校德育工作找到新的方法路径提供了无限可能。其实教育应该是最为保守的领域之一，可以看到，在过去的很多年里，尽管在各级各类学校信息技术的推进已经开展了一轮又一轮，网络课程的建设也推进了一年又一年，但当我们走进学校的课堂时会发现，该装的设备是装上了，除了PPt替代了传统的板书外，师生们的其他交互并没有发生实质变化。而“互联网＋”时代给我们带来的是前所未有的革命性理念和技术，在这些新思维和新技术的支持下，社会各个领域、各行各业，都将自我颠覆、重构变革、转型进化。当然，对教育的冲击力度足以从根本上改变教育的生态环境。高校德育工作如何充分利用“互联网＋”时代的革命性技术，在更加开放的教育生态中，遵循学生的时代特点，找到适合的德育实践路径，是摆在高校德育工作者面前的时代课题。

最后,“互联网＋”时代将对高校德育工作的实效性进行一次真正的考验。“互联网＋”的“+”，不仅仅是技术上的“+”，更是思维、理念、模式上的“+”，其中“以人为本”推动管理与服务模式创新是“+”的重要内容。当代大学生被称为“数字原生代”或“网络一代”，他们通过互联网进行学习、工作、聊天、交友、购物、娱乐和创业等，大学生在“互联网＋”时代成长成才业已成为新常态。高校德育工作应当顺应这种新常态，必须靠近他们，在他们的世界里，找到自己创新发展的核心引擎，这样才能创造出德育工作的新业态。如何切合当代大学生的特点，充分将“互联网＋”时代新一代信息技术的优势与学生日常教育管理、学生事务服务工作、学生知识学习、学生能力素质培养进行有机结合，实现“互联网＋”时代高校德育工作的创新发展，是不断提升大学生思想政治教育实效性的关键。

总之，“互联网＋”已经上升至国家战略高度，成为我国经济发展新的驱动引擎，随之而来的是不可抗拒的变革和挑战。在各个领域，具有敏锐嗅觉的先行者已经开始分享“互联网＋”时代带来的红利，不打破传统的思维定式，不保持思想的敏锐性和开放度，终将被历史抛弃。进一步增强高校德育的针对性、实效性，是马克思主义德育理论与时俱进品格的根本要求，是促进高校改革、发展和稳定的需要，也是高校德育工作者不可推卸的光荣职责。高校德育实践必须抓住这一契机，在德育过程中的各个环节，做出积极的回应，高校德育实践创新研究成为大学生思想政治教育工作创新发展的必然要求。

二、高校网络德育教育的概念

“网络”与“道德”本来是两个完全不同领域的问题。“网络”是基于互联网技术构成的一个虚拟世界，“道德”则关注人类伦理道德的现实世界。“网络”与“道德”的交界点，在于网络现实化和道德网络化。在网络这种新的生活方式和生存方式中，人类的道德问题开始从原来的现实世界走向网络世界，现实道德伦理问题逐步走向网络世界。网络与伦理道德问题发生紧密联系，它关乎网络时代中人的行为规范、伦理价值和权利义务。

网络德育是基于德育的基本目标和内容，以网络为载体或媒介开展德育活动的一种现代德育模式，是高校德育共同体的新场域。网络德育包括两个方面：一是在虚拟世界中开展道德教育；二是利用互联网技术开展德育工作。

与传统道德相比，网络道德是德育工作的新领域，具有新特点，也面临新的德育问题，需要高校德育工作者通过网络道德知识的传授，培养大学生的网络道德意识、道德观念、道德意志和道德情感，提高大学生的网络道德水平。网络既是德育工作的环境和载体，也是德育工作的途径和手段，网络德育工作的开展离不开网络技术的支持。通过网络技术丰富德育工作的载体和形式，将网络德育纳入当前德育工作的体系，能让德育工作从线下走向线上，让德育工作对象化、具体化，形成真正有效的互动和影响，提高德育工作的实效性。

三、高校网络德育教育的核心内容

与传统德育工作的基本内容相比，网络德育的核心内容并未出现本质性突变。但由于德育工作从线下向线上转移，网络德育具有了技术与伦理的融合主体性的突显和对话互动性的增强等特点，在德育工作的核心内容上呈现出与传统德育的不同之处。

（一）重视网络思想政治教育

网络生活的生存方式中，互联网已经成为社会意识和社会文化思潮的集中地。互联网作为重要的意识形态阵地，具有明显的政治特征。可以说，政治性是网络德育的重要特征，开展思想政治教育是网络德育的重要内容。高校承担着我国人才培养的重要使命，必须坚持社会主义办学方向，积极占领网络思想政治工作的制高点，依托网络环境和计算机技术手段，开展符合当代社会特点和适应当代大学生特征的思想政治教育活动。

一是要加强网络作为意识形态传播的重要阵地建设。从技术上看，网络作为先进传播手段具有显著的优势。呈几何倍数型的网络传播能够突破时间和空间的限制，实现最为广泛、最快捷的传播。因此，对于国家主导意识形态而言，网络是传播国家意识形态的重要阵地和舆论平台。通过网络技术传播社会主义核心价值观和价值体系、社会道德观念和优秀传统文化等等，能够实现线上线下全面覆盖和信息的有效传播。

二是要加强网络作为意识形态斗争的重要阵地建设。在互联网的开放空间中，随着各种社会思潮和多元文化的入侵，不良网络思潮对社会意识形态和社会核心价值观甚至国家安全形成重大冲击和严重挑战。通过网络，这些信息得到迅速传播，在大学生群体中快速扩散，达到腐蚀思想和文化入侵的目的。我们需要构筑社会主义主流意识形态“防线”，用马克思主义理论占领网络意识形态阵地，在网络中积极与国内外反动势力开展斗争。

（二）加强网络道德伦理教育

马克思主义认为，道德是一种社会意识形态，是人们共同生活及行为的准则和规范。对道德的内容进行研究和考量，包括三个层面的核心内容：一是道德意识层面；二是道德规范层面；三是道德行为层面。对于网络德育来说同样如此，网络道德伦理教育是网络德育的核心内容。

首先，要不断增强网络道德意识。从根本上讲，网络道德意识是一种道德自律和人的内在道德需求。网络社会一旦形成，就不断在意识形态层面进行积累，并通过网络文化和社会影响形成网络社会特有的道德意识、道德观念。网络道德意识包括健康的网络道德观念、理智的网络道德情感、坚定的网络道德意志和牢固的网络道德信念。健康的网络道德观念，即要有基本的网络道德价值判断，对于网络道德而言，什么是对，什么是错，要有清晰的界限；理智的网络道德情感，即要有相对理性的网络道德情况，不能毫不约束地发表个人意见；坚定的网络道德意志，指不人云亦云，对于网络道德的价值具有自己的立场；牢固的网络道德信念，指能够坚守正确的网络道德信念，能够不受错误的网络观念影响。

其次，要积极形成网络道德规范。网络道德规范由传统社会的伦理规范和网络社会的伦理要求共同决定。与传统道德规范一样，网络道德规范及其网络法规属于道德体系中社会性的他律功能。良好的网络道德规范反映了网络社会中绝大多数人的道德诉求，根本宗旨在于维护整个网络社会的秩序，实现网络社会的良性发展。良好的网络道德规范包括两方面的内容：一是遵守网络社会的“文明公约”；二是远离不文明、不道德的网络陋习。

最后，要合理引导网络道德行为。网络道德行为指在网络环境中与伦理道德、伦理价值相关的行为。与现实道德行为一样，网络道德行为是自律与他律的合一。网络道德的自律行为是指大学生具备基本的网络道德常识、健康的网络道德观念、优良的网络道德价值，并且能够在网络行为中进行自我规范。网络道德的他律行为是指大学生具备良好的网络道德意识，遵守网络道德规范和法则，明确网络道德法则的边界，能够在网络道德规范和法则下行事。

（三）开展网络心理健康教育

心理健康教育是高校德育工作的重要内容。在网络时代，心理健康教育工作同样是网络德育的重要内容。网络心理教育工作包括两个方面的内容：一是研究和解决网络心理问题；二是利用网络技术开展网络心理健康教育工作。

网络心理问题是网络社会出现的一种新型心理问题。与传统心理问题不同，网络心理问题产生的土壤是网络社会及网络技术。在网络社会中，计算机成为人们赖以生存的载体，人们的生活状态常常处于“开机”和“待机”状态。大学生尚未形成成熟的人格，在自律性不足的情况下，往往会产生沉溺于网络世界不能自拔的主体性矛盾。大学生一旦失去控制，容易陷入“网瘾”状态，造成情绪低落、孤独、焦虑、压抑、冷漠等心理障碍和心理疾病。此类心理问题与网络社会生存方式及其特点具有十分密切的联系，高校德育工作者要不断提高心理工作能力和水平，深入研究网络心理问题产生的根源、特点、形成机制和解决方法，拓展心理工作的视野，积极引导大学生培养良好的心理素质和行为习惯。

利用网络技术开展网络心理健康教育工作是开展网络德育的一项基本要求。心理问题及心理健康教育本身具有私密性的特点，高校德育工作者在开展心理健康教育时必须严格遵守相关规定。网络技术是一种“人机”对话模式，它能有效解决心理健康教育工作中的某些私密性问题。在开展网络心理教育工作时，可以利用网络的技术性优势，通过网络心理辅导、网络心理咨询、网络心理知识传授等多重形式和途径开展网络心理教育工作。因此，对于高校德育工作者来说，提升开展网络心理教育工作的素质和能力成为职业化、专业化发展的重要方向。

四、高校网络德育教育的主要特征

（一）技术与伦理融合

网络德育是基于网络技术支配，在网络道德前提下开展的德育活动。伦理与网络技术是网络德育的核心要素。网络技术深刻影响了网络社会关系和网络道德，二者关系密切。在德育范围内，网络技术极大地拓展了德育的时间和空间；在德育路径上，网络技术为网络德育提供了丰富的载体；在德育效果上，网络技术与德育的结合极大地彰显了德育的主体性。网络德育不能忽视技术因素的巨大影响——技术因素在网络德育中发挥的重要作用及其对网络德育的生态影响。

网络技术与网络道德有着不同的目的。网络技术，说到底是一种工具和方法，它关注的是生产力问题。而网络道德利用网络技术、与技术合作，只是为了道德自身的发展。“技术与道德是两个不同性质的问题，技术的发展本身并不能带来道德的进步。”正如萨克塞所言：“由于技术只是方法、只是工具，技术行为目的的问题总是存在于技术之外。”因此，技术和道德之间总存在分歧。在网络德育中，技术的使用关乎道德，技术如果得不到有效控制，脱离了技术使用人的目的，终究会与道德分道扬镳。网络德育存在于网络环境中，依托于计算机技术，具有极强的技术性和创新性。它紧跟网络技术的潮流，利用各种技术手段，不断创新工作理念、工作方式和途径，开展有针对性的大学生德育活动。但是，技术任其发展也会伤害道德的伦理价值。技术一旦脱离了伦理的控制，就会陷入技术万能的技术主义思维陷阱，从而让网络道德失范，甚至控制人的行为，反过来限制人的自由。

基于以上分析，我们需要全面认识技术对网络德育的影响，深刻把握和理性认识网络道德中的技术因素。一方面，应充分肯定技术对网络德育的促进和革新作用；另一方面也要厘清技术与道德的分界，思考德育的核心目标和工作主旨，在开展网络德育时紧紧围绕育人的根本宗旨，理性看待技术的作用。

在网络道德、网络德育体系中，德育的伦理范围虽然超出了传统德育的内容，成为一种新型的社会伦理形态，但是从伦理价值上看，网络德育的伦理价值与传统伦理价值并无二致。因为在一定区域和历史时期内，网络伦理和道德价值依然有其固有的社会文化和道德基础，生存在网络社会、网络空间中的人先天生活于现实社会环境。现实社会的核心伦理价值、伦理观念在网络社会中依然奏效，技术与伦理二者的有机融合是网络德育发展的终极方向。

（二）主体性与主体间性共生

主体是一个哲学范畴，指具有认知与实践能力并从事认识与实践活动的人。将主体概念运用于道德领域，突出了人在道德观念、道德行为中的能动作用。网络德育的主体指在网络社会中进行道德认知与从事道德实践活动的人。它包括网络德育的建设者、管理者与德育对象。

管理者权威性的减弱和德育对象独立性的增强是网络德育主体性的一个重要特征。在高校网络德育体系中，教师被解构为一个多元身份：作为教授知识的教师，其经过科学的训练且具有相当的专业积累，依然具有权威性；在道德方面，教师的地位则已被网络社会的平等性所解构。与此同时，大学生的主体性得以凸显：网络社会的自由性、开放性、隐蔽性和匿名性，给大学生提供了极大的自由空间；作为网络社会的重要群体，大学生的个性得到了彰显。在这种环境中，当代大学生更加重视个人追求，特别是 95 后和 00 后，个性解放和自我实现成为他们自我主体性的重要价值追求。

主体价值观的多元化是网络德育主体性的另一重要特征。在网络社会中，各种社会思潮汇聚，价值观念日趋多元。特别是大量宣传西方意识形态的文化元素和思想内容，在一定程度上给我国的价值观带来巨大冲击。价值观的多元化突出了大学生个体的道德主体性，但是，与我国社会主义主流价值观不符，在网络德育中我们必须坚定社会主义核心价值观的方向。

除此之外，网络德育突出了主体间性的显著特征，这也是高校德育共同体建构的重要前提。在高校教师主体去权威性和学生主体性不断增强的过程中，二者的主体性逐渐趋于平等，他们都是网络德育的体验者，在道德诉求、道德体验、道德判断上具有一致性。二者通过对话、争辩和讨论，网络德育的主体之间逐渐达成一致，主体之间形成了一种共同默契。这就在网络道德空间中形成了一种主体间性。在一种良好的主体间性中，网络社会开始形成共同的价值理念、道德观念和伦理制度。在主体间形成一种良好的互动后，传统的“中心化”主体逐渐被解构。

从主体性和主体间性的视角分析，“去中心化”高度符合网络社会的特征。在网络德育体系中，不同主体的主体性都得到了彰显，主体意识得到极大的解放，一个道德个体不再是德育的中心，不仅他人不是道德的中心，自己也不是道德的中心。个体成为高校社区环境这个“社会关系的总和”中的一员，是高校德育共同体中必不可少的一分子。

（三）对话与互动同在

网络技术的广泛运用使高校德育工作网络化。网络不仅是一种德育场，更是开展德育工作的重要手段和工具。在这种手段和工具的影响下，网络德育彻底打破了传统德育的灌输模式，打破了传统德育的时间和空间，变革了德育的方式和模式。

网络德育的一个重要特征是平等对话。教师与学生之间倡导平等对话，教师不再是高高在上的权威。要将德育工作者的身份去中心化、去权威化，从而实现以人为目的的德育工作，强调以人为本，重视学生的诉求，尊重并发挥学生在道德实践中的主体作用。

网络德育的对话模式，可以概括为“人—互联网（机）—人”的对话模式。它与传统的“人—人”德育对话模式具有很大的区别。可以说，网络德育的这种“人机对话”模式解放了人、时间和空间、方法和手段，实现了德育不同主体之间的跨越式沟通与对话。网络德育的对话模式不再局限于同一时间、同一地点。在网络德育的这个开放、互动、共生的德育场中，师生同时在线、在场，营造了一个全新的德育场，学生的主体功能和地位得到彰显。德育对象对于教师的德育工作具有快速传播和扩散作用，从这个意义上讲，学生与学生之间也形成一种德育关系。学生不再只是德育的对象，其身份也可转变成德育工作者。

网络德育的另一个重要特征是互动交流。在互动模式上，传统的德育交流模式更侧重师生之间的面对面交流。这种交流是直接的、直观的、形象的。而网络德育的“人—互联网（机）—人”的对话模式在作为德育主体的师生之间介入了计算机这一技术设备，计算机网络成为联结师生互动交流的一个媒介物。这种交流互动对技术和网络硬件环境的要求比较高，也对师生的媒体素养和计算机技术提出了新的要求。一旦解决了以上问题，与平等对话一样，互动交流将变得轻松容易，它将克服时间与空间带来的局限，极大地节省交流成本，提高互动交流的效率。

传统德育中的对话属于平面性互动，“人—人”之间的交流类型主要有一对一交流、一对多交流，也不排除多对多的交流。网络德育大大扩展了德育主体的交流空间。从德育的互动空间来看，互联网解放了教师开展德育工作的时间和空间，德育工作不再受时间和地点的限制，可以一直保持“在线”和“待机”状态，随时满足大学生的德育需求。从主体功能发挥的效果来看，网络德育的传播效果非常显著。德育工作者和德育对象都在网络平台上发言，表达道德立场和观点。道德观点和立场形成网络德育文本，德育工作能够利用网络平台的传播功能，达到广泛传播的效果，产生巨大的社会影响力。

但是，网络德育的“人机”对话模式也并非有百利无一害。“人机”对话是由计算机通过信息处理技术实现人机符号的转换、处理和传输，将师生交流的语言符号通过计算机处理、转化再传输给交流对象。二者的互动交流由直接变为间接。在这一条件下，网络德育对话模式的弊端在于将人与人即不同主体隔离，计算机作为冰冷的机器将德育场中人的本质物化，最终让德育工作在网络环境下出现一定的异化。这一点，对于网络德育工作者来说需要反省和警惕。

第二节　高校网络德育教育的过程及规律

网络德育过程理论是网络德育理论体系的核心。网络德育过程是一个由多种要素构成，有其内在矛盾运动，并按其内在规律辩证发展的过程。网络德育过程有其自身的特点和规律，研究和掌握网络德育过程与规律，有利于正确认识网络德育的本质，从而为构建中国网络德育体系提供科学的理论依据。

一、高校网络德育过程

（一）网络德育过程的概念

网络德育过程是指教育者根据一定社会的思想观念、政治观念、道德规范、心理素质等方面的要求和学生网民思想品德形成和发展的规律，通过计算机网络，对学生网民施加的有目的、有计划、有组织的影响，使他们形成符合一定社会发展需要的思想政治品德和心理的过程。这一过程的实质就是把一定社会的思想观念、政治观念、道德规范、心理素质转化为学生网民个体的思想品德和心理。

对网络德育过程的理解，应该包含以下方面。

第一，网络德育过程是一种虚拟实践活动。所谓虚拟实践，就是指人们运用虚拟现实技术在计算机网络空间中有目的地进行的能动改造和探索虚拟客体的一切客观活动，网络德育就是这样的客观活动。

第二，网络德育过程是一种有目的的矛盾转化过程。所谓目的是指依据一定的社会要求（即现实社会的思想政治道德心理素质要求和网络社会的道德规范和法律规范要求）和学生网民精神世界发展的需求及其政治思想品德实际所确定的德育目标。网络德育过程就是借助网络通过“三次矛盾”的转化和“两次”飞跃来实现网络德育目标的过程，也就是通过“三次矛盾”的转化和“两次”飞跃，使学生网民在思想、政治、道德和心理方面逐渐达到网络社会和现实社会要求的过程。

第三，网络德育过程是一种网上双向互动的传播活动。网络德育过程是一种网络传播。网络传播将人际传播和大众传播融为一体，网络传播兼有人际传播与大众传播的优势，又突破了人际传播与大众传播的局限。网络传播具有人际传播的交互性，受众可以直接迅速地反馈信息，发表意见。同时，网络传播中受众接受信息有很大的自由选择度，可以主动选取自己感兴趣的内容。因此说，网络德育过程是一种网上双向互动的实践活动。只要登录网络，教育者和受教育者就可以通过人机对话，达到交流、沟通的目的。

（二）网络德育过程的特征

网络德育作为现实德育的组成部分，是现实德育在网络上的延伸，现实德育过程的多端性、同时性、广泛社会性、反复性和实践性都适用于网络德育。但是网络德育过程除了具有现实德育过程的一般特征外，还具有以下特征。

1. 网络德育过程的交互性

交互性是网络德育过程的一大特点。网络德育过程的交互性是指在网络德育过程中网络德育主体和客体所形成的一种特有的思想政治信息、知识和情感之间的相互关系。它体现了网络德育过程必须依赖于各种各样的网络图标或象征符号作为活动中介。它包罗了网络德育主体、客体之间以及网络德育主体、客体内部围绕着信息和知识生产、传递、交换、流通、竞争和冲突等环节而产生出来的一种相互参与、相互操作。

网络德育过程的交互性打破了教育者与被教育者的固定地位，变被动式教育为互动式教育，教育者与被教育者都是网络的主体，教育者要尊重并认识受教育者的主体性，在更加平等的环境中共同面对问题；受教育者的主体意识被极大地调动起来，可以在网络上平等地发表自己的思想和看法，与教育者或其他受教育者互相沟通探讨。

第一，网络德育过程的交互性分类。按照交互时间的先后，网络德育过程的交互性可以分为实时交互和非实时交互。实时交互又分为两种：一种是人与人交互；一种是人机交互。人与人交互是指人们通过网络进行一对一、一对多和多对多的双向交流，受教育者可以在“网上论坛”或“在线指导”上发表自己的观点，大家一起讨论。人机交互是指网络德育中的教育者针对某一专题预先设计好以实际道德事件为基础的、错综复杂的、千变万化的、虚拟的道德情境或道德困境，围绕这个虚拟的道德情境，设计一系列道德判断题目，当受教育者访问该专题时，由机器提问或解答，实现人机对话。

非实时交互是指网络德育中的教育者和受教育者通过 E-mail、万维网、电子公告板等来相互传递信息。因为现实德育中的教育者和受教育者的关系是确定的，教育者是教育的主体，在德育活动中占据主体地位。这个特点有助于帮助教育者明确自己的责任，在德育活动中坚持党的教育方针，完成德育任务。由于教育者在德育活动中占据主体地位，容易忽视受教育者的能动性；而且教育者和受教育者面对面，有一定的利害关系，受教育者因为顾及“脸面”和“利益风险”，不愿说出自己真正的思想观点，封闭自己的心灵。相反，在网络上受教育者则可以毫无顾忌，这是目前现实德育无法比拟的。

第二，网络德育过程交互性的实施途径。实施网络德育过程的具体途径有：一是通过BBS（电子公告板系统）进行网络交互；二是通过网络聊天进行交互；三是通过E-mail进行网络交互；四是通过新闻组（全交互式的超级电子论坛）进行交互；五是基于PC toPC的IP电话交互。

2. 网络德育过程的开放性

网络德育过程主要是指网络德育的教育者对受教育者施加德育影响，以及受教育者接受影响的过程。网络德育过程的开放性是指网络德育必须打破“问题—解答—结论”的封闭式过程，构建“问题—探究—解答—结论”的开放式过程，以启发、讨论、探究、质疑、收集信息、自主学习为网络德育的基本形式，根据实际情况灵活安排各个网络德育环节。具体表现为以下五方面。

一是网络德育内容的开放性。网络含有丰富的文字、图片、声音、图像等多媒体信息资源，也拥有各种信息传播功能，是一个完全开放的世界。网络德育尤其要处理好教材的相对滞后性与现实的不断发展性之间的矛盾，不能过分拘泥于教材的文字表述，静态地、封闭地看问题。设计的问题也要有开放性。一方面，网络德育是对传统的封闭式静态的德育方式的大胆突破，打破了“问题—解答—结论”的封闭过程，以启发、收集信息、探究、质疑、自主学习、师生互动、生生互动等开放式教学为基本形式；另一方面，结合所学内容，学生可以通过网络获得更加丰富的信息，拓宽视野，了解社会动态、科技水平，加深和扩展对所学知识的理解，有利于解决现代社会政治、经济、文化迅速发展与政治课教材内容相对滞后的矛盾，网络使德育的内容呈现出全方位的开放状态。

二是网络德育方法和手段的开放性。网络德育既要继承和发展我们党几十年来积累的极为丰富的经验和科学方法，又要向现代化迈进。网络使人们的视野更加开阔，民主意识不断增强，使以前采用的有些方法不再适用，它突破了由单一的政工机构、专职政工人员去做工作的状况，使网络德育渗透到学生的日常生活、学习和工作中，有形无形地向他们施加各种影响。

三是网络德育主客体相互关系的开放性。一方面，主体和客体接受网络德育信息的同时性。党和国家的方针、政策、要求等各种信息的传播已经不再像过去那样需要经过一段时间的逐层逐级的传达，而是由一点同时向各层面多方面的辐射，接受者不受时空限制，无论是领导者还是被领导者，教育者还是被教育者，都可以同时接收到来自上级直至中央的完全相同的网络德育信息。另一方面，主体接受德育信息的广泛性和客体德育信息的无限性。由于网络信息传播的广泛性和人们的自主选择性，作为接受教育的无数客体，可以自由地、多角度地、多方位地接受来自世界各方的信息，形成随机无限发散。而作为主体的网络德育的教育者的有限个人，接受信息是无限的，他面对的是多个人瞬息万变的思想动态。因此他必须掌握广泛的信息，方能应付自如。

四是网络德育资料的开放性。①网络德育资料的选择不能局限于教材和教参，更多地要从网上下载。古今中外，自然、社会、政治、经济、文化、军事、科技等都可涉及。②网络德育资料的利用不只局限于某一个教师、某一个学校、某一个学科，而是所有教师、所有学校、所有学科。③网络德育资料本身所包含的观点要具有发散性，能给学生以广阔的想象、思维的空间，鼓励学生进行发散思维、求异思维。

五是网络德育时空的开放性。由于目前条件的限制，不可能每一位教师的办公桌、每个学生的课桌上都有一台电脑，教师上课、学生听课与自修大多还是在课堂进行。

因此，要真正提高网络教学的时效性，就要求教师、学生打破那种囿于学校、囿于教室、囿于课堂的教学时空观念，把课堂向学校的电脑室、电子阅览室以及家庭延伸，向课余时间延伸。这既是培养学生创新素质、开阔视野的需要，也是现代科技牵动教育的必然走向。教育行政主管部门和学校要建立适合学校、家长，特别是适合学生学习内容的丰富全面的城域网和校园网，并在自修课、双休日、节假日尽可能多地开放以上场地设施，为学生提供尽可能广阔的网络教学时间和空间；教师在上课之余也要对学生的网上学习进行随机辅导；家长不要因为担心孩子上网会影响学习而一味地禁止，而是要加强引导和指导。

3. 网络德育过程的复杂性

在网络德育过程中，教育者把含有符合社会要求的政治观念、道德规范、心理素质等信息，有目的、有计划地灌输给特定的受教育者。受教育者在各种因素的作用下，有选择地接受信息，转化为个体意识，即内化。而后，受教育者又把个体意识转化为良好的行为，并多次重复良好行为使其成为习惯，实现网络道德行为转变成现实的道德行为，这是外化。

在这个过程中，教育者必须先了解受教育者的思想信息，适时、适当地向受教育者灌输具有特定内容的信息，又不断地从受教育者那里得到反馈信息。其他种种环境因素，也对教育者和受教育者传递着含有各种内容的信息，不同的信息传播方式都直接地影响着教育效果。在现实德育过程中，主要通过课堂宣讲、个别谈心以及报纸、广播、电视等大众传媒来进行。这些方式的一个重要特点就是可控性，教育者可以通过精心筛选，有意识地选择合适的材料向教育对象集中地、持续地、高强度地传播，促使教育对象的思想发生转变。大量不符合教育者选择标准，不利于达到教育目的的材料被有意识地筛掉了。这对受教育者来说，由于他们思想上的空白点较多、辨别能力不够强，长时间地接受这些经过筛选的、有较高纯度的信息，无疑有助于他们形成符合社会要求的思想意识。然而，互联网络的迅速发展，使信息的传播逐步脱离了国家、政府、学校、教师、家长的控制，大量不利于国家安定团结、不利于学生健康成长的信息蜂拥而至。随着我国上网人数的迅速增加，能够绕过国家的监控，接触到网络信息的人越来越多，其中大量的是在校学生。在网络环境下，教育形态从平面走向立体，从静态变为动态，从现时空趋向超时空；因网络的超信息量，教育内容变得丰富而全面，并且具有客观性和可选择性；网络具有极高的文化和科技含量，教育内容隐含在文化知识和科技信息之中。受教育者大量地接触到这些信息，其内容与过去所宣传灌输的信息有差别，甚至截然相反，极易引起他们的困惑，在很大程度上抵消网络德育工作的效果。在校园里，电子公告牌的常客越来越多，各类网络聊天室里也不乏其人。大学生通过 BBS 和聊天室发表对某些问题的观点和看法，由于绝大多数人都通过各自的代码而非自己的真实姓名上网，教师根本无法知道究竟是谁在发表意见，这就增加了教育者施加教育的难度，无法有针对性地开展工作。同时，受教育者能动地接受教育影响的选择性和自主性增强，一定程度上也弱化了教育者的教育影响作用。网络信息的不可控性，使得网络德育过程更加复杂。

二、高校网络德育过程的规律

规律是指客观事物内部的、稳定的、区别于其他事物的本质联系。网络德育过程的规律就是指网络德育过程中的各要素之间的本质联系及其矛盾运动的必然趋势。如存在于网络德育过程中的教育者和受教育者之间的联系及其互动趋势，社会要求的思想品德和心理素质和受教育者个体思想品德和心理素质的联系及其相互作用的方向等。研究网络德育过程的规律，就是要探求这一过程中各要素之间是如何联系的，其相互作用的趋势如何。网络德育过程的规律可以做如下表述。

（一）双向互动规律

这是网络德育过程中十分重要并具有全局意义的规律，网络的互动性打破了教育者和受教育者的固定地位，变被动式教育为互动式教育，教育者与受教育者都是网络的主体，教育者要尊重并认识受教育者的主体性，在更加平等的环境中共同面对问题：受教育者的主体意识也被极大地调动起来，可以在网络上平等地发表自己的思想和看法，与教育者或其他受教育者互相沟通探讨。因此网络德育过程是以网络教育影响为中介的，是教育者与受教育者相互影响、相互作用的双向互动的过程。一方面，教育者在网络德育过程中发挥着主导作用，教育者是一定社会的思想品德和心理素质要求的表达者，是网络德育过程的组织者，也是受教育者自我教育积极性的激发者。另一方面，受教育者在网络德育中也发挥着主体作用。

受教育者是能动地实践思想品德规范并影响教育者、其他网民及教育活动的主体，也是自我教育的主体。教育者和受教育者相互影响、相互作用的双向互动规律可以包括三个阶段：一是网络德育的教育者积极施加网络德育影响的过程；二是受教育者能动地接受网络德育影响的过程；三是受教育者自身思想矛盾运动的过程。

在网络德育过程中，教育者的主导作用和受教育者的主体作用是辩证统一的。一方面，教育者主导作用的实现，离不开受教育者主体作用的发挥。没有受教育者主体作用的发挥，教育者所传授的网络德育内容就不可能为受教育者所认识和接受，也就不可能实现预期的网络德育目标。另一方面，受教育者的主体作用的体现，也离不开教育者的主导作用的发挥。离开了教育者的主导作用的发挥，离开了教育者对受教育者的思想品德和心理的激发和引导，受教育者的主体作用就不可能得到充分体现，也就不可能形成自觉的网络德育过程。同时，双向互动还体现在教学相长之中，在网络德育过程中，教育者和被教育者不再局限于面对面的教育，相互之间也不再具有制约关系，教育者和被教育者都可以在网上自由平等地发表自己的观点，相互沟通探讨。这种教育理念是人本主义的，即相信受教育者有可能自己发现自己的问题，并通过自我探索，从而获得对自己最有价值的收益，解决自己的问题。教育者将与受教育者有更多的交流、沟通和探讨，成为受教育者完善自身道德的一个心灵朋友。教育者也常常从受教育者身上学到东西，受到激励。因此，在网络德育过程中，教育者和受教育者是双向互动的，教育者的主导作用和受教育者的主体作用是相辅相成、相得益彰的。

网络德育过程是教育者主导作用和受教育者的主体作用辩证统一的过程，由于网络的虚拟性和互动性对受教育者思想道德观念影响的无限加大，导致在实施教育、接受教育、自我教育的过程中，教育者主导作用宽度和广度无限延伸，增加了教育者施加教育影响的难度。一方面，受教育者能动地接受和参与教育影响的选择性和自主性增强，一定程度上也弱化了教育者施加教育影响的作用，给教育者对德育工作的控制力出了一道不小的难题。另一方面，受教育者的接受和参与，使教育者更能及时和广泛地了解受教育者的所思所想，受教育者接受参与的面越宽，教育者越能较广地掌握受教育者的思想动态，教育者发布的信息也就更具有针对性。

因此，要增强网络德育的时效性，教育者在网络德育的实践中必须遵循双向互动规律，将它贯穿于网络德育的全过程，实现教育者的主导作用和受教育者的主体作用的辩证统一。教育者的主导作用发挥得越充分，就越能调动受教育者的主动性、积极性；而受教育者越能发挥主动性，就越能体现教育者的主导作用，二者统一起来才能收到良好的网络德育的效果。

（二）协调控制规律

这是网络德育过程中的另一重要规律。网络德育过程是立体的、开放的、互动的。在这一过程中，存在两大方面因素的影响：不仅存在来自教育者的多种教育影响，而且存在来自网络环境的复杂的自发影响。因此，网络德育过程也就是各种影响相互作用的过程。首先，是教育者施加的自觉影响的交互作用，包括同质的教育影响的交互作用和异质的教育影响的交互作用。在网络社会，由于网络环境的虚拟性、开放性和复杂性，教育主体的思想水平和认识能力有很大的差别，自身素质与网络的要求也存在诸多不适应的地方。所以，不同教育主体所施加的教育影响也可能出现不协调，甚至对立和冲突，网络德育主体的一言一行都会直接影响受教育者，出现各种异质的自觉影响交互作用对受教育者影响结果的不确定。如果不能有效地协调异质教育影响的作用，必将严重削弱网络德育的力量，甚至会使受教育者原有的错误思想得到强化。其次，是网络环境因素的自发作用。网络德育环境的开放性、虚拟性、导向性、交互性、趣味性等特点，使网络环境对受教育者的思想品德和德育过程都在自发地产生影响，这些影响有积极的、正面的，也有消极的、负面的。要高度重视网络德育中的自发影响的作用效果，网络的危害性主要是因为网络中消极性自发影响过多、过滥而无法有效控制。网络中的消极性内容虽然为德育提供了丰富的反面教育教材和案例，但其对受教育者产生的负面影响也是巨大的，这就要求教育者在网络德育活动中，要注意抑制和减少网络环境的消极影响，利用并强化其中的积极影响，使之与德育主体的自觉影响协调统一起来，从而形成良好的德育氛围，促进受教育者的思想品德朝着社会要求的方向发展。

网络德育过程是各种自觉影响和自发影响相互作用的过程，那么，要增强网络德育的时效性，教育者在网络实践中就必须遵循协调控制规律，实现协调自觉影响与控制自发影响的辩证统一。一方面，教育者要积极协调不同教育主体的各种自觉影响，要不断强化正确的自觉影响，及时纠正错误的自觉影响，使各种自觉影响汇成一股合力，推动受教育者的思想品德朝着社会要求的方向发展。另一方面，教育者要有效控制环体的各种自发影响，要及时搜集环体信息，并对他们已经或可能对受教育者产生的自发影响做出科学的分析、判断和预测；要尽可能地利用各种自发影响中的积极因素，使他们与自觉影响形成合力；要及时采取有效措施，预防并帮助受教育者抵制和减少自发影响的消极因素，增强受教育者的免疫力；要积极创设良好的网络环境，把网络环境中的各种自发影响都引导到与一定社会的思想品德要求相符合的方向上来。

（三）辩证统一规律

这是网络德育过程的第三个规律。无论网络德育还是现实德育都是教育者有目的、有计划、有组织地帮助和引导受教育者实现内化和外化，使受教育者形成一定社会所期望的思想品德和行为的过程。其目的都是以马克思主义意识形态为指导，促使学生形成符合社会发展需要的思想品德和心理素质的实践活动。因此，在网络德育中，受教育者虚拟的思想品德行为最终会转化为现实的思想品德行为。虚拟的思想品德行为与现实的思想品德行为的辩证统一规律表现在以下几个方面。

首先，虚拟的思想品德行为离不开现实的思想品德行为。虽然网络中学生网民思想品德行为具有虚拟性，但是由于参与虚拟空间交往活动的学生网民是现实社会的人，因此，虚拟的思想品德行为本质上反映了现实的思想品德行为。

其次，虚拟的思想品德行为又不同于现实的思想品德行为。现实空间人们的社会交往、活动方式受制于各种条件，容易规范，能够控制。而在网络空间，由于互联网所采用的特殊离散结构（没有中心，没有界限，不受任何组织机构控制），以及网络运行的“数字化”“虚拟化”的特点，人们的交往可以“相逢不相识”，因而表现得非常自由，难以控制。人们在自身不能很好地自律和节制的情况下，可以做出许多现实中不敢做或不可能做的事情，表现出与现实社会生活道德规范不相符合的状况。因此，网络德育就是要善于利用网络先进性的一面，让学生网民自觉地接受科学的、先进的道德观，并使其内化为大多数学生网民的道德心理，成为日常网络交往的一种道德行为，从而自觉地抵制种种消极的影响。

第三节　高校网络德育教育的发展策略

一、网络时代高校德育面临的新挑战

“当今世界互联网信息传播技术的迅猛发展。特别是移动互联网信息传播技术最近几年的发展进化，数据库技术、云计算、云存储等先进的前沿信息实践技术的应用和发展。”[①]进入21世纪以来，面对国际国内的新形势和新情况，特别是面对互联网的影响和冲击，高校德育如何有效利用互联网这一现代化传播手段拓展德育渠道，增强德育的针对性，提高德育的实效性，尽可能地减少互联网的负面影响等，是摆在我们面前的重要课题。互联网对高校德育的影响和冲击，具体表现在以下方面。

（一）对大学生思想道德观念和心理、行为模式产生负面影响

一是导致大学生政治观念淡化，价值取向道德标准多元化。由于西方发达国家在信息技术上的绝对优势，使得西方价值观念主流意识形态在网上占据优势地位。中国未来的青年学生正潜移默化地受到互联网的全方位影响。青年学生正处于人生观、价值观形成的重要时期，网络上的多元文化和多元价值观必然对辨识力不强的青少年群体带来冲击，导致青少年群体出现政治观念淡化、民族意识弱化、价值观念、道德标准多元化的倾向。二是严重影响青年学生的身心健康。互联网庞大而杂乱的信息传播，很容易使青年学生产生对网络的过分依赖，脱离现实社会。有资料表明，近几年“网络成瘾综合征”已经成为一种新的青少年精神疾病。另据调查显示，大学生网民绝大部分属于“依赖性”上网者，而且女生多以上网聊天为主，男生多以参与多用户对抗游戏为主。许多大学生对网络表现出很强的依赖性，他们整天沉湎于网络这个虚幻世界里不能自拔。网络作为新兴媒介，已成为新一代大学生越来越推崇的沟通和消遣方式，但由于网络特有的隐秘性和虚拟性，某些时候网络也会成为一些心理问题的诱因，不少大学生表现出现实生活中难以察觉的心理问题，比如崇尚暴力色情、享乐主义、拜金主义等。

（二）削弱了思想政治工作舆论导向的控制力

网络时代是一个舆论更加分散的时代。传统的大众传播由于同类信息传播的重复性、连续性可产生累积效果；强势信息占据传播优势地位可产生认同效果，从而易于形成舆论导向和社会趋同。而网络则使信息传播处于分散状态，这种信息的分散使网络世界难以形

① 苏建福.网络环境下高校德育教育的开展实践[J].管理观察，2015（15）：141.

成主导舆论，思想政治工作舆论导向的控制力也必然遭到削弱。此外，长期以来，我们对传统媒介有比较深入的研究，运用传统媒介开展思想政治教育也积累了丰富的经验；但是对网络这一新的媒介，我们尚缺乏研究和把握，管理经验不足，技术上尚缺乏有效的控制办法。这就使得现实生活中的伦理道德问题向网络世界延伸，导致各种各样的网络问题发生和蔓延，如：黄色信息污染文化霸权主义网络犯罪问题等。

（三）思想政治教育主体地位受到挑战

“随着网络技术的飞速发展，网络生活占据了高校学生学习生活的一大部分，其高效、便捷、独有的生活交流方式因多种因素的影响深受广大学生的青睐，为学生的学习和生活提供了很大的便利，与此同时诸多冗杂的信息也给他们的心灵带来了很大的冲击。”① 网络传播的特点，使得网民的参与性增强，同时网民可以以隐匿的身份平等地、自由地在网上传播和交流信息，互联网上没有绝对的权威，思想政治教育的主体地位受到挑战，使我们的思想政治教育常常陷入被动，传统的思想政治教育观念、思维方式、工作方法也受到网络的冲击和影响。

二、网络德育对传统德育的创新和发展

面对互联网的挑战，新时期的高校德育要增强针对性和实效性，就必须在继承和发扬传统德育成功经验和优势的基础上，充分认识开展网络德育的紧迫性和艰巨性；研究传统德育与网络德育的关系，掌握网络德育的特点和规律，找准切入点，走网络德育创新之路。

网络技术与德育相结合，极大地拓展了高校德育空间，网络赋予高校德育新的内涵，提供了新的教育手段和方式。

首先，在网络德育中，教育主体不再是高高在上的灌输者和信息权威，而是与受教育者平等的、利用互联网制造传播监控网络信息的“把关人”；不再单向“灌输”“说教”，而是提供“引导”“选择”和“帮助”，因而淡化了教育主体的身份，与教育客体地位平等，也就更具有亲和力、人情味和可信性，更易取得良好的教育效果。

其次，在教育客体方面，传统德育有明确的教育客体，其思想动态、道德水平、身心特点等较易把握，其身份是确定的、具体的。网络德育客体则是“虚拟世界”中的“网络人”，他们具有广泛性、隐匿性、不确定性等特点。网络的虚拟性，使教育客体更易于放下戒备心理，消除抵触情绪，敢于表达内心真实的思想观点和态度，教育主体也就更能触及教育客体的内心深处，掌握其真实的思想动态，更有针对性地与之交流，有的放矢地加以引导，从而增强教育的针对性和实效性。

再次，在教育内容方面，传统德育内容是相对稳定的、静态的；侧重于理论知识的传授；由于信息的采集、编写复制、传播等均依靠传统媒介，也因此常常滞后于社会现实，网络则彻底改变了这种状况。网络传播和多媒体技术的应用，使德育内容从静态走向动

① 都芳，张梦婷，汪峰等.高校德育教育与网络心理健康教育协同共进机制研究[J].科技风，2018（01）：29.

态，从平面走向立体，从现实时空变为超时空；网络的超信息量、传播的超速度和高科技手段使教育内容更加丰富生动，更加贴近社会现实和教育客体的思想实际，进一步提高了教育内容的科技含量，也增强了德育的及时性、全面性、生动性和互动性，更易于为教育客体所接受。

最后，在教育方法、教育手段方面，传统德育多采用单向灌输、简单说教、“一刀切”的方式；教育方法以课堂教育为主，教育覆盖面过窄，教育渠道和途径比较单一，虽也开展一些第二课堂和社会实践活动，但由于受人财、物力所限，最终难以形成全社会参与的“全员德育”氛围。而网络技术的应用，则使德育延伸至网络所及之处，极大地拓展了德育工作平台和教育空间，改变了传统的单一、单向的教育方式和简单的工作方法，代之以丰富的、多元化的、双向、平等、直接的交流方式，以及形象生动、图文并茂、开放互动的教育手段和工作模式，这更有利于全社会参与建立立体交叉、全方位全天候的德育网络系统，从而较好地弥补传统德育的不足。

三、高校网络德育创新之路径选择

（一）加强网络文化建设，构建网络德育创新模式

从网络德育存在的环境看，高校网络德育是在校园网络文化基础上建立起来的德育新模式。网络文化作为一种蕴含特殊内容和表现手段的文化形式，它是以计算机和通讯技术的融合为物质基础，以信息传输为手段，以创新和互动为核心，并与现实文化密切联系的，影响人类生活方式和思维方式的一种文化形式它具有物质层次、制度层次和精神层次三个层面，这也就构成网络德育的三个层面网络文化已经构成为校园亚文化。为此，应将网络文化纳入校园文化建设母系统中，而高校网络德育也应以校园网络文化建设为依托，从学生学习、生活、娱乐等现实校园文化生活着手，并在学生动态的具体的网络生活中展开德育教育，将德育渗透到学生网络生活的各个层面，而不仅是在德育课堂上教授德育规范。

同时应重新定位高校德育目的，将培养受教育者面对复杂的信息环境进行道德判断和道德选择的能力，最终形成良好道德品质作为德育目的。高校网络德育的内容则更强调其针对性、实践性，主要应包括三个层次的道德要求：一是信息产品的开发和应用过程中的道德规范；二是在网络世界调整人类共同利益与国家利益的关系的道德要求；三是网络交往的道德规范与行为准则。这是因为信息产品的开发和应用可能促进社会文明的发展，也可能给人类社会带来巨大危害，如制造计算机病毒等。这就要求信息产品的开发设计人员要具有高度的社会责任感和正义感。网络社会另一个重大道德问题就是如何认识和处理人类共同利益与国家利益的关系问题。网络社会与现实社会的不同之处就在于它的无国界，具有全球性，因此出现了超国家主义观。高校网络德育必须引导学生正确对待这一问题，教育学生一切网络行为必须服从于网络社会的整体利益，更要维护国家在信息网络世界的利益；同时还要处理好维护和发扬本民族文化与文化多样性的问题。

在信息网络社会，人们对互联网的依赖度越来越高，随着互联网的普及和因特网的扩展，人们的日常工作、学习及生活和娱乐越来越离不开网络，通过互联网与他人、与社会交往已经成为一种重要的交往方式。这种交往方式扩大了不同国家、不同民族、不同文化、不同宗教信仰的人们之间的交往范围，也必然会带来不同民族文化的冲突。这就要求高校网络德育应充分发挥文化传播的功能，传播各民族优秀文化，并引导受教育者接受不同文化观念和价值观念共同存在的合理性和必要性，从而理解和尊重各民族文化。此外，高校网络德育还应将网络交往纳入教育内容体系，引导学生在进行网络交往过程中学会尊重、信任、平等、合作，并懂得维护自身的权利和利益。

（二）做好三个“结合”，增强德育的实效性

一是高校网络德育与传统德育相结合，充分发挥思想政治理论课课堂教育主渠道作用。高校网络德育并不排斥传统德育，充分利用课堂教育作为思想政治教育主渠道，对学生进行正面教育、引导和灌输，仍然是极其有效的方法，是其他形式的教育无法替代的。这是因为，大学生作为教育客体，是具有鲜明个性和丰富的内心世界及情感体验的一个个活生生的人。网络世界毕竟是个“虚拟世界”，网络技术再先进，也难以深入到人的内心深处，无法完成教育培养学生树立正确的世界观、人生观、价值观，完善人格和道德素质的重任；学生的辨析能力、思考能力、实践能力、人际沟通能力、表达能力、组织管理能力、协调能力及团队精神合作精神等现代人才基本素质的培养和完善，更是网络所无法胜任的。实践证明，网络德育虽然丰富了教育的信息资源，拓展了德育的渠道，但对于德育的核心问题、本质问题仍然离不开面对面的教育行为。因此，在网络环境下必须注重网上教育与网下教育的结合；优化、获取网上德育信息资源的同时，结合教育工作者的讲授释疑，充分发挥传统思想政治理论课课堂教育的主渠道作用，这样才能保证高校德育工作的社会主义方向，实现德育目标，取得最佳教育效果。

二是高校网络德育与素质教育的结合。单纯的网上德育资源一般很难满足和吸引学生接受教育，必须把体现素质教育的内容，如学术论坛、社会热点讨论、心理健康、人生规划、求职择业、人际交往、争优创先等活动有机地融入网络德育，才能增强网络德育的吸引力。

三是网上平等互动与主动引导的结合。平等互动是网络德育的基本特征，但作为德育教育工作者，必须牢记自己教育者的本色，不能被网络的虚拟平等掩盖了现实教育者的身份和主动角色，必须坚持正面教育和引导，否则就会陷入被动地位，丧失教育主动权。

（三）进一步完善校园网络信息亚传播系统

目前许多高校都建立自己的校园网，大学生的网络行为以校园网为主，这种现象就是“网络信息亚传播圈”现象，它的存在为高校开展网络德育奠定了基础。网络德育应充分利用这一信息亚传播系统，具体做法有以下五点。

第一，加大校园网建设力度，打造一批有影响力的德育品牌网站。校园网站建设是开

展网络德育的基础和前提。但是大多数高校的校园网建设还比较缓慢，经费不足、设施落后、信息源过少、交互性不够、管理员队伍水平有待提高等问题相当突出。完善校园网建设必须扩大网络覆盖面，增设宽带进校园、进宿舍；建立各个学生管理职能部门的网络一体化、运作体系和网络资源共享体系，同时不断挖掘各类德育信息源，加强与现实社会的同步性，突出服务大学生学习生活、求职择业、交友娱乐等功能，以吸引青年学生的关注和参与。另外，可以选择一些在全国高校具有较高“人气”的网站，集中优势力量打造品牌，提高影响力和辐射力。

第二，拓宽德育教育领域，精心组织各种网上网下互动活动课堂。教育是思想政治理论教育的主渠道，但是，新形势要求我们必须利用互联网拓宽课堂活动领域，以扩大教育面，增强实效性。因此，利用学校中院系、班级、学生社团等现实群体组织和建立相应的网上学生组织，把现实学生集体的学习生活、工作等情况及时反映到网上，就学生关注的社会校园生活中的热点问题开展网上交流、讨论，可以更好地吸引学生参与，发挥“亚信息传播圈”功能。目前，在我国高校中已有一批大学建立了各类思想教育和宣传网站，通过互联网组织开展如“大型网络文化活动”“网上党课学习”“党校在线”“网络辩论大赛”“网络爱心行动”以及“网上心理辅导”等网络德育活动，扩大了教育面，提高了影响力，取得了良好的教育效果。“将现代网络技术与严肃的党建工作结合起来，既使学生了解了国际国内时事动态，又增加了学生学习党的知识的积极性和主动性，收到较好的效果，使网络成为宣传教育的新阵地。”

第三，建设一支高素质的稳定的网络德育工作队伍。一支思想素质过硬、有较强责任感和较高网络专业技能的德育工作队伍是成功开展网络德育的组织保证。因此，在各类高校中必须建立在党委统一领导下、专兼职德育教师和辅导员、学生工作处、团委等政工人员组成的网络德育工作队伍；同时在学生中通过网络信息协会、计算机协会等学生社团组织选拔一批具有较强的计算机操作与维护知识、思想素质好、有较强责任心和道德感学习好、有自律精神的学生骨干，参与校园网络和德育网站的建设和维护，并定期进行培训，以保证这支网络德育工作队伍的素质。

第四，建立健全网络德育工作管理制度。制度化是网络德育规范化、高效率的有力保证。为了保证网络德育的健康有序开展，必须整章建制，建立健全网络信息岗位责任制和网络信息管理制度，包括信息输入更新、信息阅读权限、安全保密等级、信息审核以及信息员培训、信息管理责任追究制度等，以保证网络德育工作规范化、制度化、系统化。“首先，必须建立健全网络信息岗位责任制，明确相关领导、部门主管、网络信息员的岗位责任，强化管理责任，把党建和思想政治工作有关要求贯穿到网络信息的工作中；其次，是建立和健全信息管理制度，如信息输入更新制度、信息阅读权限制度、信息安全等级制度、信息考核制度、信息员培训制度等等，使我们的思想政治工作、网站工作制度化、规范化；最后，是建立网络信息责任追究制，哪个部门出现严重政治错误，并产生一定的负面影响，就追究哪个部门领导和信息员的责任。”

第五，建立网络舆论危机预警机制，正确引导舆论，化解危机。由于社会及学校存在各种各样的矛盾以及突发性事件等不稳定因素，如教育乱收费问题、贫困生群体问题、校园暴力问题等，这些都会在网络上反映出来并形成舆论焦点，再加上一些不负责任的虚假信息传播，很容易在学生中造成思想混乱和心理恐慌，引发舆论危机，而这种危机大多都是最先在网上形成并蔓延到现实世界中的。因此，高校网络德育必须建立及时、高效的网络舆论预警与应对机制，注意收集危机信息，及时辨识危机并迅速做出准确判断，采取积极对策，将舆论危机消灭在萌芽状态。

第六章　新媒体视域下高校德育教育的创新发展

随着人类社会的发展，媒体形态经历了从报刊、广播、电视等传统媒体到网络、手机、数字电视等新媒体的发展过程，新媒体也表现出与传统媒体不同的特征与功能。分析新媒体的产生、发展过程及其特征与功能，将使我们更充分地了解和认识新媒体，并为进一步创新新媒体视域下的德育奠定基础。

第一节　新媒体概述

任何时代和媒体的关系都是“需要和满足”的关系，任何时代对媒体的选择都有其基本的规律，任何媒介在一定时代的被广泛采纳和普遍运用都依赖其对时代的适应。信息社会最重要的特征，就是必须保证信息的自由流动和良性互动，这个要求传统媒体不能满足，因此新媒体就应运而生。

一、新媒体的界定

（一）新媒体的概念

新媒体是指利用互联网和数字技术创造、传播和交互信息的形式和媒介，它包括各种数字化的平台和工具，如社交媒体、在线视频、博客、微博、手机应用等。新媒体以其互动性、实时性和个性化特点，改变了传统媒体传播方式，使信息更容易获得和传播。同时，新媒体也为用户提供了更多的参与和表达的机会，促进了信息的共享和社会互动。

（二）新媒体的特点与优点

和传统媒体相比，以手机报为代表的新媒体具有鲜明的特色。

1. 信息传播时效性强

传统媒体用户必须在特定时间和空间内通过纸质媒体和电子媒体接受新闻信息，而以手机报为代表的新媒体使用起来比报纸、电视要便捷许多。目前，我国移动通信网络覆盖率达到 100% 。在国内任何地方都能接收到手机报。所以，在面对突发性新闻事件的时候，手机报具有强大的即时发布能力。它可以实现事件的动态传播，并且适时跟进，使受众有身临其境的感受。手机报凭借独特的快速传播优势，抢先发布新闻资讯，用最新鲜、最热门的信息吸引受众的注意力。手机报可以保存在手机里，用户可以选择即时收看还是推迟再看，即使手机关机了再开机时，手机报还是会推送到用户的手机中。当代社会已经进入了所谓碎片化时代，快节奏的生活将我们的时间切割成一小块一小块的，手机报正是满足了碎片化社会人们对于信息快餐化消费的需求，便于用户把等人、候车、乘车等零散的时间利用起来。

2. 与用户的互动性强

手机报还提高了新闻信息与受众之间的互动性，实现了信息传播流程的效果反馈。传统媒体的重要弊端之一就是不能够与受众进行即时有效的互动，从而影响了传播效果。手机报的编读互动可以带动读者订阅数和反馈率的提升，也可以为手机报提供新闻线索，培养新闻评论员，增加新闻观点。手机报的用户可以通过手机短信、视频和照片等方式参与互动。例如“两会”期间，新华网与中国移动联手推出的《两会手机报特刊》，其中“亿万手机读者向总理提问，为总理分忧”活动收到了数十万条短信，扩大了报道覆盖面，引起广泛讨论和重视，在吸引用户参与的同时，也增加了手机报的亲和力。在日本福岛地震、海啸期间，多家手机报开辟了用户交流祝福短信平台，通过手机报传送爱心和关怀。许多手机报读者表示支援抗震救灾，转发了很多感人的短信。这也增加了信息的“二次传播”，使受众感受到了参与性，激发了读者的阅读兴趣。

3. 个性化订制服务

传统报纸属于大众媒体，要面对的是“尽可能多”的大众化的读者。其传播方式是“一对多”，往往在内容上以量取胜。而手机报等新媒体由于个性化要求，提供的是“一对一”的服务，这样可以做到个性化的分类订阅。受众可以根据自己的需要，通过发送短信或登录相关网站，订阅不同类型的信息。而一些在普通纸质媒体上不能成为要闻和重点的新闻，通过手机报发布不但成为要闻，有时候甚至成了头条。

4. 表现形式丰富多样

手机报是以数据包的形式发给用户的，这个数据包包括图片、文字、声音、动画等元素，信息容量较大。这样用户可通过多种形式更深刻地理解新闻，全方位感受多媒体信息传播方式，既能调动受众的视听器官，又能实现新闻的多维阅读。受众阅读这样的“多维新闻”要比单纯地看纸质新闻生动、有趣得多。视觉与听觉的结合，使得人们对于这样的新闻充满兴趣和热情。

新媒体既拥有人际媒体和大众媒体的优点：完全个性化的信息可以同时送达几乎所有人，每个参与者，不论是出版者、传播者，还是消费者，对内容拥有对等的和相互的控制；又免除了人际媒体和大众媒体的缺点：当传播者想同每个信息接收者个性化地交流独特的信息时，不再受一次只能针对一人的限制；当传播者想与大众同时交流时，则可以针对每个信息接收者提供个性化内容。同时新媒体完全依赖于技术，而这不是人类先天自然拥有的技能，没有数字化等技术，新媒体完全不可能存在。

二、新媒体的分类

（一）自媒体新媒体

自媒体是普通大众经由数字科技强化、与全球知识体系相连之后，一种由普通大众自由提供与任意分享本身事实、本身新闻的途径，是私人化、平民化、普泛化、自主化的传播者，以现代化、电子化的手段，向不特定的大多数或者特定的单个自然人传递规范性及非规范性信息的新媒体的总称。

1. 自媒体的定义

自媒体是一种为个体提供信息生产、积累、共享、传播内容，兼具私密性和公开性的信息传播方式。自媒体发布的内容，既不期待被人阅读，也不拒绝广泛传播，但最基本的特征是“自娱自乐”“自己演给自己看”。网络自媒体的数量庞大，拥有者也大多为草根平民，网络的隐匿性给了新媒体用户随心所欲的空间。自媒体可以包括个人微博、个人日志、个人主页，最有代表性的托管平台是美国的Facebook和Twitter，中国的Qzone和微博。

自媒体有别于由专业媒体机构主导的信息传播，它是由普通大众主导的信息传播活动，由传统的“点到面”的传播，转化为“点到点”的对等传播。在自媒体时代，各种不同的声音来自四面八方，主流媒体的声音逐渐弱化，人们不再接受被一个“统一的声音”告知对或错，社会也不可能永续“天下意见，定于一尊”的历史，每一个人都在从独立获得的资讯中对事物做出判断。

2. 自媒体的特点

（1）平民化，个性化

2006年终，一向以封面人物报道著称的美国《时代》周刊一反常态，在年度人物评选封面上没有摆放任何名人的照片，而是出现了一个大大的“You”字和一台PC电脑的图片。《时代》周刊对此解释说，社会正从机构向个人过渡，个人正在成为“新数字时代民主社会”的公民。从“旁观者”转变成为“当事人”，每个平民都可以拥有一份自己的“网络报纸”(博客)、“网络广播”或“网络电视”(播客),“媒体”仿佛一夜之间“飞入寻常百姓家”，从机构所有变成了个人拥有的东西。人们自主地在自己的“媒体”上“想写就写”“想说就说”，每个“草根”都可以利用互联网表达自己想要表达的观点，传递生活的喜怒哀乐，构建自己的社交网络。自媒体成了平民大众张扬个性、表现自我的最佳场所。

(2) 门槛低，运作简单

广播、电视、报纸等传统媒体运作复杂，需要花费大量的人力和财力去维系。并且，一个媒介的成立，需要经过国家有关部门的层层审核和检验，让人望而生畏。但是，在互联网文化高度发展的时代，我们坐在家中就可以看到世界上各个地方的美丽风景，就可以欣赏到最新的流行视听，可以品味到各大名家的激扬文字……互联网创造了“一切皆有可能”的时代背景，在新浪博客、优酷播客等提供自媒体的网站上，用户只需要通过简单的注册申请，根据服务商提供的网络空间和可选的模板，就可以利用版面管理工具，在网络上发布文字、音乐、图片、视频等信息，创建属于自己的“媒体”，不需要投入多少成本，也不要求有任何专业技术知识。

(3) 交互性强，传播迅速

自媒体虽然是为自己服务的媒体，但自从互联网出现后，使个体在与他人、与世界之间交往时变得没有了空间和时间的限制。人们在任何时候、任何地点都可以经营自己的“媒体”，与世界亲密接触，信息能够迅速传播，时效性大大增强。作品从制作到发表，其“迅速”“高效”，是传统的电视、报纸等媒介所无法企及的。为自己经营的自媒体同样能够迅速地将信息传播到受众中，受众也可以迅速地对信息传播的效果进行反馈，其交互性的强大也是任何传统媒介望尘莫及的。

(4) 鱼龙混杂，良莠不齐

个人志趣千姿百态，个性表达千奇百怪，意味着个性化的自媒体所传播的信息也必然会泥沙俱下，鱼龙混杂，良莠不齐。这些信息有的是对生活琐事的流水账式记录，有的是对人生境遇的深刻感悟，有的是对时事政治的观察评论，有的是对专业学问的探索思考……在自媒体上发表信息十分随意，消解了传统媒体编辑的决定权，让各种信息“肆意”传播。优秀的自媒体可以让受众获得生活的启发，发现生活的意义与价值，助推事业的成功。但大部分自媒体只是一些简单的“网络移植”，记录一些不痛不痒的见闻和鸡毛蒜皮的内容，甚至是一些不健康的东西，虽然可能会给博客带来一定的点击率，但影响却是负面的。

(5) 真假莫辨，可信度低

网络自媒体的数量庞大，拥有者也大多为“草根”平民，网络的隐匿性给了新媒体用户“随心所欲”的空间。在平民话语权得到伸张的今天，“有话要说”的人越来越多。有的自媒体过分追求新闻发布速度，或者说为了追求点击率而忽略了新闻的真实性，导致自媒体传播信息的可信度较低。于是,“网络谣言”成了一种常态,“造谣”“传谣”和“辟谣”“澄清”成了网上常见的“表演”。

(6) 法规不全，管理滞后

从宪法角度看，自媒体是个人言论自由权的延伸，应该受到法律的保护；从实践层面看，自媒体从一诞生就受到诸多法律的限制；保护和限制的边界在哪里，尚未形成明确的法律规定。我国目前有很多法令管制网上活动，但是还只是停留在对网站的管理上。如何在法律上对自媒体进行规范与引导，迫切需要全社会来共谋良策。新媒体用户也应该学会在这个言论自由的地方负责任地做表达，行使权利的同时不忘义务，使我国自媒体朝着健康的方向发展。

（二）工具新媒体

工具新媒体，是通过互联网为网友提供搜索信息、汇聚信息、使用信息甚至对信息进行证实证伪的工具，本身不具有决策依据的性质。

工具最初是指能够方便人们完成工作的器具，后引申为“为达到、完成或促进某一事物的手段”；它既可以是机械性的，也可以是智能性的。大部分工具都是简单机械；例如一根铁棍可以当作杠杆使用，力点离开支点越远，杠杆传递的力就越大。但现在人们更倾向于使用智能工具，亦即使用工具媒体来实现既定目标，工具新媒体即是众多工具中的一种。

工具新媒体主要包括聊天工具媒体、下载工具媒体、系统工具媒体、翻译工具媒体、网吧工具媒体、软件工具媒体等。

马克思指出，从自然过程通过人类劳动的耗费而创造财富的角度看，任何工具等文明物品，都是劳动耗费后的“物化”。从价值角度看，工具、机器等资本形态不过是人类劳动耗费的一种历史性的“异化”了的存在与运作方式。因此，如果机器等能够形成新价值的话，那也不过是人类劳动形成价值的一种方式。而从工具的使用价值来说，它则是人类劳动的一种手段上的帮助与延伸，是劳动借以更充分地发挥自己，同时也节约自己的手段。比如人类创制出望远镜，它就可以使人的眼睛看到更远的地方，使人的知觉感知到更远的边际；创制出机械起重机，它就可以代替人类体力劳动吊起超重物品。因此，工具从价值形成与效用上都不与人类劳动构成矛盾。劳动创造文明，所创造的文明物品反过来使劳动得到延伸和节约。

要特别指出的是，工具及一切文明物品的使用使人类劳动得到节约，因此在采用了工具后的劳动中，创制出来的物品所包含的代价耗费应该更小而不是更大，这样物品的价值就变小了，而不是相反。所以，认为“工具（作为资本等形态出现）也形成新价值”的看法是不对的，它的作用不是形成一个更大的价值，而是节约价值、节约耗费。

我们在今天的经济现实中已经看到，如果一个生产者花费大笔金钱采用机器生产同一类产品，所生产出来的单位产品所具有的代价耗费必定要比过去完全采用人工生产更低，否则就没有理由采用机器生产。因此，我们经常看到，相同物品，采用机器制作与采用人工制作，售价十分不同，前者比后者便宜得多。

（三）知识新媒体

顾名思义，知识新媒体就是以提供知识为基本功能的新型媒体，是一种网络百科全书式的知识聚集方式，目前网上使用广泛的包括四个百科网站和一个信息聚合网站。四个百科网站是维基百科、百度百科、互动百科和360百科，一个聚合网站是RSS。其中多数为共创共享的知识新媒体，可以随时对错误知识加以纠正，对新的知识加以补充。习惯上，人们把这种媒体称为维客。

（四）移动新媒体

由于新媒体同时满足了“低成本”“规模化”这两个经济学特性，因而能产生极大的投资回报率。新技术对媒体造成的影响，使得新媒体的发展、运作与商业模式取得了超常成功，所谓“TMT”（Telecom Media Technology）的概念也逐渐被业内的人们所熟知。

在此基础上迅速形成的移动新媒体家族，如移动搜索、手机报阅读、智能手机浏览、移动博客、微博和微信以及手机电视、移动多媒体广播电视等移动视听新媒体大量被开发出来，如雨后春笋，势不可挡。

（五）社交新媒体与互动新媒体

如果说前四种新媒体的共同特点是由社会成员单个使用它们的话，那么社交新媒体和互动新媒体则主要是公民对新媒体的共同使用；如果说前四种媒体的使用主要是以增加知识和方便生活为目的的话，社交新媒体和互动新媒体则主要是为了建立网络社区，甚至是为了形成舆论或者促成行动意向。因此，社交新媒体和互动新媒体就成了社会管理者高度关注的媒体形式。

1. 社交新媒体

社交新媒体是人们用来进行信息交流活动和从事社会交往活动的一种网络工具，社交新媒体（特别是那些专门的社交网站）的强大互动功能，使新媒体用户可随时获得任何与他们息息相关的最新信息，并进行即时反馈，如讨论、留言、资料上传及分享给他人等。手机与互联网的无线连接，解决了信息到达“最后一公里”的问题，网络社交新媒体已经成为人们进行社交活动的“独门绝技”。

2. 互动新媒体

互动新媒体最主要的特征是互动，社交媒体、网络游戏成为互动媒体的主要代表。由于社交媒体的出现，人们又回到了社会化、可以互动的媒体时代。微博、微信不仅仅是一个媒体平台，因为内容的聚合、分享和沟通，产生了一个非常有价值的用户平台，形成更多有价值的互动舆论，微博、微信已经变成了信息的来源和新闻事件的原点。

（六）社群新媒体与公共新媒体

这是一个一日千里、变化无穷的时代。一方面，随着现代生活节奏的日益加快，公民个人空间、移动范围日益扩大，人们可支配的整段的时间变得越来越稀缺，人与人之间见面的机会大大减少，现实社会中人际交往变得越来越困难，这被称为“碎片化”；另一方面，互联网和新媒体的大量涌现和迅速普及，使得人们可以通过现代数字技术更为便捷地进行信息交流，能够有选择地与志同道合、志趣相同的人结成紧密关系，形成网络社群，并就他们共同关心的话题展开讨论，这又出现了人际关系的重新社群化。于是，网络社群新媒体和公共新媒体应运而生。

1. 社群新媒体

社群新媒体有时也被称为社区新媒体。人们上网，很多情况下是由于在现实世界找不到情投意合的同辈群体，于是就改成时到网上寻觅知音，从而形成了网上社区。能够帮助新媒体用户建立网上社群的媒体，就是社群新媒体。社群，即社会群体，是指由两个以上的具有共同认同和团结感的人所组成的集合，群体内的成员相互作用和影响，共享特定的目标和期望。社群既包括广义的关系松散的群体，也包括狭义的高度组织化的群体。社群媒体就是为了方便人们结成网络社群而开发的一种媒体工具，它为人们提供了全新的互动领域与交往空间，当人们接入互联网并开展互动活动时，网络社群便诞生了。

2. 公共新媒体

与网络社群新媒体紧密相连的是公共新媒体。如果说社群新媒体是为社会人提供网络集合通道，那么，公共新媒体则是为社会意见的网络集合提供可能。人们结成网络群体，最基本的凝聚力量就是他们所持有的意见大体相同；从这个意义上说，网络社群新媒体往往也就是网络公共新媒体。

第二节　新媒体的特征与功能

一、新媒体的特征

（一）标题新

新媒体在运营初期最看重“流量”，何为流量，简单理解就是用户流，用户点击量、互动量，往往通过“日活”（每日用户的活跃度）量来反应。在追求流量的时代，新媒体的题目就像女人的脸一样，是用户的第一印象，往往也就决定了用户点击与否，所以每个新媒体和新媒体运营者都十分看重新媒体推送的标题。分析好的标题，就会发现他们除了具有传统媒体的修辞、韵律等特征外，还往往具有语言简洁、蹭搭热点、用户互动的特征，满足年轻人猎奇、时尚、呆萌等阅读需要。

（二）题材新

新媒体的推送往往关注的是社会热点，当前的舆论热点，越热越值得关注。即使是深度报道，也要借用一个当下热点“为我所用”。所以，受众看重的往往是推送的题材，很多时候不再是内容本身。比如当前以抖音为代表的短视频，有很多歌曲的词曲作者、原唱者都提出过异议，但正是这种短视频，把部分歌曲二次带火，疯狂传播，引领传播潮流。

（三）表达新

新媒体在很大程度上颠覆了传媒媒体“5 个 W +1 个 H ”的表达方式，它必须站在用户的角度去表达，即站在年轻人的立场去表达。年轻人代表着全新、长期有效的用户，代表着时尚和网络的前沿，他们往往引领整个潮流和社会舆论走向。只有摸清年轻人的思想、行为和表达喜好，占领年轻人的阅读、审美市场，“制造”、传播年轻人的新表达，才能做好新媒体。

（四）情绪新

传统媒体书写的方式较为单一，无非是文字表现、现场采访、音频视频传播这些表现形式，而到了新媒体，上述几种表达方式可以综合运用，曾经风靡一时的“生活体”“甄嬛体”“宝宝体”“舌尖体”等等，都是借助新媒体的传播，将表达情绪进行的扩散化演绎。除此之外，大量的表情包应运而生，为用户喜欢、应用，往往是一张图文或者动图表情，就一针见血、十分贴切地展示出用户的内心情绪，胜过千言万语的繁词冗句。

二、新媒体的功能

（一）传播大众文化，展现真实虚拟的文化

在当代社会，大众文化本身就是与传媒结伴而生的，大众文化一旦离开了传媒，也就难以为继。传媒是除了学校与家庭之外人们价值判断与社会认知的重要来源，大众文化需要借助传媒才能成为受众认知的社会文化。

新媒体的发展历程告诉我们，网络和手机最初的作用都是为了数据传输和信息通信的方便，随着其功能的增强，服务内容的不断扩充，尤其是被用作文化娱乐的载体，其影响

和效益成倍增长。随着文化娱乐内容的不断开发，新媒体的文化传播和文化娱乐功能在日益增大，特别是网络和手机的开放性传播平台，彻底将精英文化转向大众文化，文化的创造力和技术的创造力空前高涨。新媒体平台的平等性极大地活跃了文化市场，培育了一批实验文化的创造者和开拓者。新媒体的诞生意味着传统的文化结构和秩序被打破，长期以来文化产品和文化人都披着神圣的外衣，普通人很难步入文化殿堂。因为传统媒体市场有严格的规则，在等级森严、标准化的权威秩序下，许多普通人的作品只能被有着严格把关或程序化题材、格式规范的传统媒体挡在门外，进入不了传播渠道，文化市场只是少部分人的专业市场。新媒体的出现打破了这种“等级”和“秩序”的羁绊，普通人可以在网上创作、学习、赏析和评论，新媒体在网络平台上为普通人提供了在文化天地里实现和提升自我价值的可能性和现实性，冲破了原来文化圈子秩序的等级，打破了权威的评说，实现了全球化的文化艺术作品的传播。“阳春白雪”和“下里巴人”都可以在网上广为传播，网络歌曲、网络视频可以迅速走红。新媒体传播平台的兴起和建立，进一步活跃了文化消费的市场，活跃了文化产品的创作氛围，涌现了一大批实验文化的新品及其实验者和开拓者，使文化生活更加普及、活跃和丰富多彩。

新媒体的互动性使文化消费大众化。新媒体的互动传播使新媒体的内容更加趋于平民化和通俗化，传者和受者之间的交流也趋于平等，因为平等地说自己的故事，谈论自己的观点和感受，创作自己的作品，不断地推动着新媒体的内容和形式的创新。新媒体的隐蔽性、开放性和包容性，使充满个性和活力的网络文学和手机文学迅猛发展，成为文学新的增长点，引起出版界的极大关注。新媒体的数字化、多媒体化、宽带化，使网络电视剧和手机短剧快速发展。最重要的是使受众收看方式的转变，人们可以不受时间和地点的限制任意点播，更符合年轻人的收视习惯。播出的内容题材和剧目的长短也更加灵活，情节和节奏更加紧凑和集中，更符合年轻人的审美情趣。新媒体的互动性使网络游戏和手机游戏成为家庭互动娱乐发展最快的文化产品。随着适合各种年龄阶层和文化层次的各种游戏的开发，网游的人数还会持续增长。网络文化的形式多样，原创门槛低，再加上下载便利等因素，加速了内容的传播。一种整合网络媒体、电视媒体和移动媒体技术、资源的融合性媒体的出现，会进一步带动经济和文化的发展；反之，利用网络、手机等载体拓展的新媒体文化产品，会进一步推动新媒体技术的发展。

新媒体展现了真实虚拟的文化。从社会的角度来看，以电子为基础的沟通（印刷、试听或电脑中介）才是沟通。然而这并不表示所有文化表现都是均质的，或许少数的发送者完全支配了符码。正是因为新沟通系统的多样性、多重模式以及易变特性，才能够涵盖与整合一切表现形式，以及各式各样的利益、价值与想象，包括社会冲突的展现。将大部分的文化表现包纳入以数字化电子生产、分配与交换符号为基础的整合沟通系统里，对社会形式与过程会产生重大后果。一方面，这削弱了传统上外在于该系统的发送者的象征权力，如宗教、道德、权威、传统价值以及意识形态；另一方面，新沟通系统改变了人类生活的空间与时间，产生了流动的空间和永恒的时间。

（二）引起人们交往方式和社会组织方式的变革

“新媒体的出现，使传播者和接受者之间的屏障被打破，二者都拥有了更高的自主性，同时传播媒介的创新发展，也给信息传播带来了更坚实的技术基础，使得新媒体的影响力渗透到了各个领域。”① 新媒体技术构建的虚拟社会，不仅创造了新的社会活动和精神活动的空间，延伸了现实社会生活领域，而且改变了传统社会生活的基础、结构与组织方式，创造出新的人际交往方式和社会生活方式。

新媒体以信息网络技术为基础，引发了时空延伸性，构筑了一个流动的空间和无限的时间，构建了虚拟的日常生活世界，成为当代人重要的社会生活与活动场域，传统的单一的物理生存空间演变为现实与虚拟的双重生活世界，改变了传统社会精神生活的单一空间与固有模式，网络时空又是人的精神交往和精神交流的“现实时空”，是“虚拟的实在”。新媒体改变了人们的交往方式。以Web2.0信息网络技术为基础的新媒体，冲破了地域阻隔，形成了跨越时空的网络交往，扩大和丰富了工业文明带来的以业缘为轴心的社会关系，形成了以社会公共关系为轴心的活动型的社会关系。网络社区中人们的交往突破了我国传统的血缘与族缘的制约，是一种陌生人群中的交往。这种交往方式是传统社会生活中最薄弱的，因此新媒体为当代人提供了陌生人之间的互动空间，网络化的新媒体的出现使社会交往模式发生了重大变革，使社会交往模式由“人—人”为主变成了“人—媒介—人”为主，既有传统社会中的“点对点”的交往，也有了“点对面”的交往，新媒体正在解构我们所熟知的传统的日常生活世界。

从历史上几次大的社会组织方式的变革看，农业社会是一种家长式的社会组织形式，工业社会虽然存在等级制，但已开始渗透民主、平等和公正思想。随着新媒体技术的发展，新媒体传播具有强烈的现代性意义，它的出现推动了现实的社会结构与组织形式的深刻变革。新媒体所蕴含的信息网络技术是现代生产力的集中体现，它改变了传统社会资源的分布格局，推动了现实中的财富、权力的重新分配与组合，推进了社会结构、组织方式和人伦秩序的变革。中国传统社会是在宗法血缘关系基础上形成的等级差序明显的社会结构。网络技术的兴起使财富和权力、地位流向代表现代科技发展方向的群体和个人，而不像过去那样依靠世袭。社会资源分配方式的变革，打破了传统社会等级差序结构和封闭的组织方式。

（三）建构公共领域，推进社会民主

公民社会与市民社会有相同的指向，英文Civil Society和Citizen Society都可译为公民社会，古希腊与罗马的城邦共同体是形成近代西方社会结构与政治体制的基本范型。黑格尔把公民社会设定为与政治国家相区分的自我规定性存在，是相对于家庭和国家尤其是国家的一种形式。马克思承接了黑格尔对国家与公民社会的区分，确证公民社会区别于政治国家，但他把黑格尔在国家与市民社会关系上弄颠倒的关系重新改正了过来。德国哲学家哈贝马斯认为，公民社会是以经济活动为核心的私人领域与以文化活动为核心的公共领域

① 曾舒珩.新媒体背景下高校德育环境面临的挑战及其应对措施[J].西部素质教育，2023，9（12）：40.

的统一。在西方社会观念中，公民社会基本被定义为非政治性的不受国家任意干预的社会公共生活领域。中国的公民社会指“社会成员按照契约性原则，以自愿为前提和自治为基础进行经济活动、社会活动的私域，以及进行议政参政活动的非官方公域”。

哈贝马斯认为，古希腊城邦及其以政治生活为本质内容的公共生活、中世纪欧洲封建社会君王制的代表型公共领域都不是真正意义上的公共领域。真正的公共领域是随着近代商业活动的发展才得以独立存在的。重商主义政策促进了商业经济的发展和市民社会的形成，同时也积极维护政府的权威和统治，政府当局和广大民众之间形成了公共管理与私人自律的紧张关系。市民阶级围绕公共权力的商业政策而展开对公共权力本身的检讨，报纸、杂志、咖啡馆、沙龙以及宴会等文化讨论的机构承载了批判的空间，阅读群体由市民阶级组成，他们利用出版物同官方展开辩论，引起当局和民众的注意，形成了由阅读群体组成的新的公共领域。

在传媒领域，广告和公共关系的侵入使文化批判的公众丧失了理性和批判能力，变成了文化消费的公众。传统媒体的“点到面”传播，让“公众”成为“大众”；传统媒体的“把关人”规则，否定了“自由交流”初衷；传统媒体的商业化浪潮，吞噬了“理性批判”原则。与传统媒体不同，新媒体独特的优势在一定程度上实现了对公共领域的重构。新媒体“点对点”“多对多”的新传播形式使每个人有听和说的机会，而且新媒体是一个开放、平等和互动的空间，可以进行自由交流和理性批判。人们在一定程度上不依赖于他人而独立存在，更重要的是，要有一种对公共事务保持热切关注的态度，特别是要有独立思考和批判的能力。新媒体把传统媒体的受众转变为公众，在新媒体中，接收者和传播者的地位是可以互换的。

传媒具有意识形态的性质，传媒的生态环境又直接反映社会的环境。新媒体的出现使信息传播渠道更加多元，公众接受信息更加畅通，加速了社会平权意识的建立，加强了各级政府部门对于信息公开制度建立的重视。信息平权是实现政治文明和社会文明的重要内容，也是实现人民民主、自由权利的一个重要方面。新媒体技术的发展使政府通过网络等新媒体实现公共信息最大限度的公开和透明，让市民接触更多的政府政务信息。政府信息的公开既是政府“以民为本”的重要职责，也是各级政府网站的主要工作任务之一。新媒体技术的应用，尤其是电子政务、政府网站的开通，加快了政府信息公开透明以及舆论监督的民主进程，成为信息平民理论的基础性的技术保障。

网络的沟通是传者和受者之间相互的沟通，新媒体的发展为信息交换平台的建设创造了有利条件，扩展了信息交换的时间和空间，延伸了人们接受和了解更多信息的机会，创造了广泛的交换信息、互动交流、多向咨询的条件，架起了信源传播者和信息接受者之间平等沟通的桥梁。最近几年的全国和各省市的两会报道都是通过网络进行传播的：一方面，宣传方运用互联网、手机短信和彩信等新媒体及时发布两会的信息；另一方面，通过网络中设置的“网友评论”等舆论平台及时回收网民和群众对两会的意见。这种方式进一步调动和增强了人民群众参政议政的积极性，保障了其应当享有的权利、社会责任感。网络还突破了传统媒体信息滞后和疏漏的弱点、单向传播的模式、无法及时回复受众质询的屏障，使媒体舆论监督更加全面充分。新媒体的应用与发展，为加速新时代社会主义民主化进程，推动我国社会主义民主的建设，产生了积极的推动作用。

（四）影响社会舆论

舆论是社会公众共同的强烈持久的意见、态度与信念的汇总，以人们共同关注的问题为存在前提。从一定程度上讲，舆论所代表的就是民意，代表着一种强烈的社会倾向、愿望和要求。舆论可以是自发形成的，也可以是在外力的引导下形成的，传媒就是引导舆论的重要外力。

新媒体在信息传播和舆论形成中，改变了传统的传播格局，成为能够迅速形成舆论的信息交流平台。当代社会中，大众传媒使得舆论的形成、发展变得平常，而且更有目的性。新媒体的开放性和互动性使每个用户都有机会成为舆论主体。新媒体的隐匿性和迅捷传送等特点，不仅加快了舆论的形成和发展过程，更使舆论的产生过程处于超控制之中。新媒体对舆论的影响主要表现在以下几个方面。

促生舆论机会。新媒体使每个用户都有机会成为舆论主体，形成舆论的多元化格局。每个人都有发表言论的需求，但在现实生活中，新闻传媒表达的仅是一部分舆论，在时效性和多元化上不能与网上舆论相比。新媒体给每位网民都提供了发表意见的机会，新媒体的交互性使得网民可以在网上自由交谈，使即时交流意见成为可能。新媒体使网民可以通过建立自己的或有关的网站，成为舆论的组织者。

加速舆论形成。新媒体可以成为加快舆论形成的有力工具。舆论一般是自下而上自发形成的，但自发性的舆论发展缓慢，很难产生大规模的影响。舆论主体为了使舆论迅速形成并造成较大社会影响，往往采用各种手段加速舆论的形成，这就是制造舆论的过程。制造舆论是指把人们潜意识中的意见（潜舆论）诱发出来，变成社会显意识的公开意见（显舆论），把分散的意见集合为社会整体意见。新媒体遍布世界各个角落，只要网撒到哪里，信息就传播到哪里，这无疑有利于扩散个人意见，造成舆论。

超越舆论控制。舆论越是繁荣，舆论控制的意义就越大。新的信息传播方式、传播的及时性以及传播工具的普及对舆论控制提出了挑战。传统的传播方式利用信息处理过程中的时间差，通过“把关人”的作用，对信息进行有目的的取舍和删改，从而实施控制。但是对于新媒体来说，由于用户数量庞大，信息传播迅速，对舆论生成以及传播的控制较难把握，这就使得舆论控制变得复杂而难以操作。

作为舆论新阵地的新媒体，将随着它在中国的普及而发挥举足轻重的作用，它对舆论方方面面的影响必将改变我们今后的舆论状况，也对如何正确引导舆论提出了新的课题。

第三节　新媒体在高校德育教育中的功能

"在新媒体技术支持下，高校实施大学生德育教育有利于开阔大学生群体道德素养视野、优化德育教学思路、增强德育质量。"[①] 我们可以把新媒体在高校德育工作中的功能归纳为以下几种。

第一，传播知识。人类文明的发展前进需要不断继承和创新，后人需要不断地将前人的经验、智慧和知识加以记录、完善和发展。与传统媒体相比，在传播知识方面，从海量的上传、多媒体的形式、无限制的存储、广泛的传播到便捷的下载，新媒体具有得天独厚的优势。

第二，"议程设置"。新媒体作为一种特色鲜明的媒介形态，其"议程设置"功能体现得淋漓尽致。新媒介以其绝无仅有的传播速度，能够在第一时间内将最新发生的事件进行广泛传播，引发受众的关注；与此同时，由于具有版面充足、呈现形式多样等优势，新媒体还能够以图文并茂的多媒体形式对此"议题"的来龙去脉、专家观点、群众反映等方面以专题形式进行传播，源源不断地给人们提供新的议题。

第三，价值引导。价值引导是新媒体在高校德育工作中的重要功能之一。新媒体作为一种便捷的媒介工具，是引导价值和舆论的重要载体之一。高校可以充分利用校园新媒体的优势，传播社会主义核心价值观，弘扬主流价值观念，打造校园新媒体文化。

第四，拓展社交。新媒体既拓展了一片前所未有的虚拟社交空间，激发了人们内心深处的社交欲望，又为用户提供了灵活多变、方便快捷的社交平台和渠道，这种拓展社交的功能已经成为研究者的研究热点。

第五，提供娱乐。新媒体传播的内容并不都是严肃的，其中很大一部分是为了满足人们的精神消遣，如文学的、艺术的、游戏性的内容等，这非常便于大学生发展自己的爱好、开展交往、缓解紧张情绪、消磨空闲时间等。

第六，生活服务。高校运用新媒体平台可以提升大学生管理服务水平，将解决思想问题和解决实际问题结合起来，为高校德育工作和大学生成长成才铺路搭桥、保驾护航。

① 孔令先. 新媒体视域下高校大学生德育教育实施路径研究[J]. 中国多媒体与网络教学学报（上旬刊），2022（12）：102.

第四节　新媒体视域下高校德育教育面临的机遇

新媒体在对大学生德育带来挑战的同时，也因具有互动性、开放性等特点为大学生德育创新带来很好的机遇，主要体现为以下几点。

第一，新媒体为德育提供了新的载体。载体是德育系统中不可缺少的重要组成部分。德育载体是指承载、传导德育因素，能为德育主体所运用且主客体可借此相互作用的一种德育活动形式。在新媒体中，德育信息承载具有如下优势：一是新媒体技术使教育内容从平面化走向立体化，由静态变为动态，从现实时空趋向超时空；二是新媒体的超大信息量丰富了教育内容，增强了教育内容的可选择性；三是较高的文化与科技含量将教育信息的政治性本质隐含在历史文化知识和现代科技信息之中。通过新媒体这一载体进行德育，可以扩大教育的覆盖面和影响力，使大学生通过新媒体获得广泛社会信息的同时，接受德育信息，受到德育的影响，从而提高道德素质。而且这种教育形式对其他载体的德育影响构成补充和相互作用，形成全方位的德育态势，因而能增强德育的影响力和有效性。

第二，新媒体为德育知识和价值传播创造了有利条件。从传播学角度看，德育是阶级社会的一种特定的社会信息传播现象和活动，是以道德观念、道德规范为核心的德育信息的传播行为和过程。在此过程中，教育者向受教育者传递信息，是开展德育的起点。较之过去的德育信息传播，新媒体信息传播具有明显的优势，这对德育知识和价值传播非常有利。具体表现为：吸引力更大，新媒体将文本、图画、声音等信息集为一体，能调动学生获取信息的主动性、参与性；感染力更强，新媒体的立体动画及仿真画面对人的影响力大大增强；更快捷方便，学生可在任何一个终端，随时高效获取知识和信息；更加开放，新媒体为大学生提供了更大范围的学习和社会实践环境，促使他们在社会化过程中趋于成熟。

第三，新媒体可以促进德育的互动性及主体性的发挥。在德育中，教育者和受教育者的行为和活动需要互动，这种互动表现在信息传递、接受和反馈的过程中。以往的德育采用较多的是单向灌输的方法，忽视受教育者的需求和接受能力，抑制了受教育者的主动性和创造性，使受教育者处于从属地位。新媒体为人们提供了一个开放的平台，使大学生的主体意识迅速觉醒并不断增强。在新媒体传播中，交往对象的社会角色通常是虚拟的，交往对象没有心理负担，使交往者保持相对平等的心态，有利于宽松的和谐人际关系的建立。角色还是可以互换的，在浏览网页选择和吸收德育信息时，参与者是以受教育者的身份出现的；而在参与信息的制作、发布等活动，将自己的思想传播出去时，参与者又成为教育者。在新媒体互动平台上，德育者与受教育者关系上更具有融洽性，双方都能较好地发挥主体性。因此，从传播学角度看，新媒体德育信息传播的主体不仅是教育者，还是受教育者，教育者与受教育者的关系是两个主体相互依存、相互制约的互动过程。

第四，新媒体有利于增强德育效果。检验德育是否有效以及效果的大小，主要依据是德育的目的和意图的实现程度。教育者把社会要求的道德观念和规范作用于受教者的知觉和记忆系统，引起其信息量的增加和信息内容构成的变化，即受教育者对德育的认知；作用于受教育者的观念和价值体系而引起情绪和情感的变化，即社会主导价值的内化与维护；这些变化通过受教育者的言行表现出来，即行为习惯的养成。这三个层面中，第一和第二层面叫“内化”，第三层面叫“外化”。三个层面体现了效果形成的不同阶段，从认知到态度再到行动是一个效果积累、深化和扩大的过程，要取得德育的最佳效果，内化是关键。从传播特征来看，新媒体为促进大学生内化提供了新的契机。新媒体空间中丰富的共享信息，为开展德育提供了充足的资源；新媒体信息传输的快捷性和交往的隐置性，利于迅速了解学生的思想情绪和所关心的问题，增强教育的针对性；新媒体主体的平等性和交往的互动性，有助于受教育者主动参与对话交流，有利于把教育转化为受教育者的自我教育，提高教育的时效性。

第五，新媒体有利于形成德育的合力。教育学领域中的教育合力，是指学校、家庭、社会三种教育力量相互联系、相互协调、相互沟通统一，形成以学校教育为主体，以家庭教育为基础，以社会教育为依托的共同育人的力量，使学校、家庭、社会教育一体化，以提高教育活动的实效。学校教育的合力是指来自学校内部各方面的教育达到高度的一致，从而达到最佳教育效果。大学生德育合力就是指大学生德育系统内各构成要素及其与环境系统相互作用，在运行过程中所产生的综合力。新媒体的超时空性，通过德育网站、博客、QQ 群等形式，可以使学校、家庭、社会都参与到学生的教育中，突破了过去教育中存在的时间和空间的障碍。在学校德育中，由于新媒体的广泛参与性，广大专职教师、管理干部都可以通过博客、QQ、网站留言等方式与学生互动交流，扩大了德育的参与面，同时新媒体参与者具有匿名性、平等性和互动性，可以充分发挥学生自我教育的积极性和主动性。因此，在德育中运用新媒体，有利于形成学校、家庭、社会、学生四位一体的教育体系，易于形成教育合力。

第六，新媒体对大学生思想道德产生一定积极影响。新媒体有利于大学生新的价值理念的形成。共享、平等、效率、开放是新媒体所蕴含的价值理念。新媒体的虚实两重性、平等交互性、大众化等特点容易使新媒体上的交往打破社会等级观念，有助于学生平等意识、共享意识的形成。新媒体运行的快捷性、简便性有利于培养大学生的效率观念。新媒体的广容兼容性，有利于学生开阔思想，增强了学生的开放意识、全球化意识和多元化意识。新媒体有助于培养大学生的创新思维方式。传统教育受多种因素的影响，大学生个体创新性思维方式的发展受到限制，新媒体拓展了大学生广阔的思维空间，使学生可以接触到世界上先进的思想理论、科学技术，为培养他们的超前思维和创新思维提供了条件。新媒体的自主参与性、高度自治性，使新媒体空间的道德主要依靠参与者的自律，有利于培养学生的道德自律；新媒体信息的繁杂、价值观的多元化，为学生创造了道德认知、道德判断的环境，有利于培养和提升学生的道德判断能力；新媒体空间秩序的维护主要依靠一些管理规定和自律协议，学生在新媒体空间的道德行为是一种基于个人道德认知、道德判断基础的自主选择，因此，新媒体空间的优良道德行为有助于学生的现实道德行为和品质的养成。

第七，新媒体传播促进了我国公民社会的发育，为我国传统道德实现适应社会发展的现代转型创造了条件。中国传统伦理有着优良传统，是中国传统文化的重要组成部分，尤其是仁、义、礼、智、信的儒家伦理，为中国人的道德修养提供了价值标准，影响了中华民族几千年的发展。但是随着时代和社会的发展，中国传统伦理也存在适应社会发展的现代转型问题。新媒体传播促进了中国公民社会的形成，孕育了开放、民主等现代伦理精神。从伦理学的角度分析，公民社会是公民作为社会主体的社会，新媒体传播使广大民众积极参与到公共事务中，公民社会趋向与公民伦理诉求成了当代中国的基本社会存在境况。新媒体把中国公民社会的发育置于全球化的背景中，决定了中国传统伦理向现代公民伦理演进的方向。新媒体使受众具有全球化的特征，中国全球化的际遇为中国公民社会精神气质与民众的公民意识的生成提供了可资借鉴与汲取的精神文化资源。

第五节　新媒体视域下高校德育教育的创新发展

一、新媒体环境下高校德育存在的问题

面对新媒体环境，高校德育在传统德育的基础上有了较大发展，在德育方式、方法、途径上有所创新，已经关注新媒体空间的道德教育问题，以新媒体为载体对大学生进行教育并取得一些研究和应用成果。但是，由于新媒体是由西方国家发起运用的，传入我国的时间相对较短，高校德育在新媒体环境下的创新还存在一些问题。

（一）新媒体虚拟空间的德育尚不成熟

一是表现在虚拟空间德育与现实德育相脱离。目前高校已经通过建立德育网站、德育博客等方式开展德育研究和实践，但往往忽视了虚拟空间德育与现实德育的融合与互补，使二者相脱离，虚拟空间德育没有很好地汲取和继承现实德育既有的优良传统，也没有形成相对稳定的自有的德育模式。二是表现在虚拟空间德育的内容与形式单一。大多数德育网站采取把现实德育内容原封不动搬到网上的方法，一些学校由工作网站来发挥德育网站的作用，过分注重工作宣传，而忽视内容的丰富性、趣味性，较少考虑学生的可接受度，致使很多德育网站作用的发挥还没有达到现实德育灌输的效果。

（二）运用新媒体进行德育的自觉性不强

目前高校建立的专题德育网站较少，大多由学校学生工作部门和团委的网站代行德育网站的职能，这些网站大都以宣传本校的学生工作为主，对学生的吸引力较差，所以工作宣传的职能要大于教育作用的发挥。而由于一些德育工作者掌握信息技术的水平较低，不善于运用新媒体开展德育工作，目前高校建立的德育博客也较少，有些辅导员建立了博客、QQ 群等，也都以对学生下达通知为主，教育作用发挥仍不明显。

（三）运用新媒体进行德育的效果不理想

由于信息技术水平高的社会机构和企业出于利益需要不会开发德育类的网站，而高校和教育机构开发的一些以宣传工作为主兼有德育职能的德育网站、博客，其内容与形式对学生没有吸引力。新媒体是一个自由空间，无法强迫学生必须收听收看，因此虚拟空间中趣味性强的交友网站、游戏网站往往成为学生的首选，而德育类网站，学生参与度、认可度不高，高校运用新媒体进行德育教育的效果不理想。

（四）德育的合力作用发挥不够

新媒体环境下学校、家庭、社会在德育中的作用没有形成合力。一是社会和家庭教育的作用发挥不够。社会上的网站多以娱乐性为主，在宣传主流意识形态方面较弱；很多学生家长对新媒体的了解和运用较少，虽对学生过分沉溺网络的状况很焦虑，却爱莫能助，不知如何有效地帮助学生。二是学校没有充分发挥桥梁纽带作用。学校没有建立一个好的平台和机制，将社会和家庭引入到新媒体环境下的德育之中。或者说，社会和家长想参与到新媒体环境下的学生教育中，还没有一个好的途径。

二、新媒体环境下高校德育存在问题的成因

影响高校德育创新的因素包括德育的指导理念、德育模式、德育实施和德育队伍建设等诸多方面。

（一）指导理念与新媒体环境不适应

传统德育的一元主导理念、教师主体理念在现实德育中较易实现，也取得了较好的教育效果，但面对新媒体环境却表现出不适应。其一，新媒体环境是一个自由开放的环境，价值观的多元化是其突出特点。在价值观多元化的空间里如果只一味强调一元主导的理念，不包容和借鉴其他民族文化的优秀元素，就会造成德育假大空的局面，对学生没有吸引力，甚至可能造成学生的逆反心理，产生德育与社会生活、与学生实际脱离的状况。其

二，新媒体是一个多向互动的空间，学生与教师都是自由参与交流活动的主体，在拥有教育资源上教师不比学生有更多的优势，在教育方式上双向交流或多向匿名的交流成为主要方式，如果只强调教师主体的理念就会无法进行新媒体空间的教育。

（二）德育模式与新媒体发展不适应

目前高校德育模式远不适应新媒体的发展，具体表现在以下三方面。其一，学校德育的目标、内容、形式与社会生活脱离，目标确定没有根据学生的特点进行分层设置，使得学生对过高的德育要求望而却步；内容和形式单调乏味，使学生对德育产生抵触情绪。其二，现实德育与虚拟空间德育相脱离，注重现实空间教育忽视虚拟空间教育的现象较为普遍。其三，学校社会、家庭与学生脱离，学校德育处于孤军奋战的状态，没有更好地发挥社会、家庭以及学生自身在德育中的作用。

（三）德育的实施与新媒体传播规律不符

德育的实施应在坚持社会主义核心价值体系指导的前提下，根据传播环境的变化有所调整，以提高教育效果。当前，德育的实施与新媒体传播规律不符：一是对新媒体空间的道德问题存在模糊认识，缺乏对新媒体虚拟空间的道德问题客观存在的理性认识；二是对新媒体环境下德育的特点把握不准确，新媒体道德是一种自主自律型的道德；三是新媒体空间的德育内容有待拓展，除了传统的思想政治理论课、道德规范、身心健康、法律法规等教育内容外，还应增加新媒体文明教育、信息素养教育等方面的内容；四是德育工作者在开展德育时运用最多的还是网络课程、专题学习网站等以发布信息为主的传播途径，教师与学生缺少有效互动。

（四）高校德育队伍建设不到位

高校德育工作者对新媒体这一新的教育平台的掌握、运用及创新能力，决定大学生德育过程中对新媒体的认识、使用和发展。目前，高校德育工作者具备较高的政治素质，但信息化水平较低，不能很好地运用新媒体开展德育工作，有时还从思想上排斥这些新生事物，而教育行政部门和高校对德育工作者的信息化培训没有跟上，使得他们的信息化水平提高较慢，不适应新媒体环境下的德育工作。

三、新媒体视域下高校德育教育的创新策略

随着数字技术、网络技术、移动技术、无线通信技术的飞速发展，新媒体以独特的魅力征服了大学生群体，成为他们获取知识、表达个人意志和人际交往的重要方式。这不可避免地对高校德育工作提出了新的要求。创新是新媒体时代的鲜明特征，也是适应高校德育工作新情况，解决德育工作新问题，提高新媒体环境下大学生道德教育工作针对性、时

代性、实效性的根本方法。新媒体时代的高校德育创新是一个包含理念、内容、载体、途径在内的多维度系统工程。

（一）新媒体时代高校德育的理念创新

德育理念的创新，是高校德育创新的前提。欲推动新媒体环境下的大学生道德教育，首先要创新德育理念。

1.树立虚拟与现实相结合的德育理念。“虚拟空间”的横空出世，引起传统意义上的物理空间概念发生革命性变革，是新媒体带给人们最本质的冲击。虚拟空间具有自身强大的优势，但虚拟空间和物理的现实空间并不能互相代替。这就决定了将虚拟与现实相结合开展大学生道德教育的必然性。这种结合可以体现在目标、内容、方法、手段、效果的结合等多个方面。

2. 树立符合新媒体传播规律的德育理念。信息传播的快捷性和交互性、传播方式的多样性，丰富了大学生道德教育的载体，促进了德育知识价值传播，契合了德育的互动需要。新媒体创设的虚拟环境使教师和学生在隐去身份的前提下可以轻松自由表达自己的想法，易于引起学生心理和态度层面的变化。因此，须树立与新媒体传播规律相适应的德育理念。一是增强针对性。双向交流是新媒体的重要技术特征，从大学生实际出发，针对大学生的心理和生理特点，区别不同性质和类型的问题选择相应的道德教育方法，是新媒体环境下大学生道德教育的必然选择。二是注意隐蔽性。新媒体环境下，德育工作者应把带预设的道德教育目的和要求，巧妙地渗透在受教育者平时进行的新媒体活动之中，淡化受教育者的客体意识，充分照顾受教育者的内心需要，有利于更好地实现新媒体德育的目的。三是突出个性化。个性化是“21 世纪中国学校德育模式建构的基本特征”，也是德育改革和创新的基本价值取向。传统德育的重要缺陷就是大学生的个性得不到应有的尊重和满足。新媒体环境下开展大学生德育工作，必须尊重和重视大学生的价值和尊严。教育者应该注重运用大数据和云计算等新媒体时代工具，准确、快速地了解受教育者的实际思想状况和他们关心的热点问题，进行有针对性的教育工作，在确保大学生个性得到张扬和发展的基础上开展具有实效的道德教育。

（二）新媒体时代高校德育的内容创新

德育内容的创新是高校德育创新的重要组成部分，必须根据新媒体带来的新变化，实现道德教育内容的现代化。

1.拓展大学生道德教育的核心内容。新媒体的飞速发展促进了民众的参与意识，使民主、平等的现代伦理道德观念进一步深入人民和大学生的心里，成为我国公民道德教育发展的强大助推力。高校德育应不断拓展优化基础性道德教育的内容，深入开展社会主义核心价值观教育。新媒体时代的高校道德教育，必须贯彻落实“把培育和践行社会主义核心价值观融入国民教育全过程”的要求，从大学生思想的实际状况出发，以社会主义核心价值观为引领，帮助大学生树立科学的世界观、人生观、价值观和道德观，以指导和推动其生活、学习和工作。

2.拓展大学生道德选择能力教育。道德选择的过程就是道德行为形成的过程，道德选择是道德行为的前奏。新媒体环境道德价值多元化，对大学生的道德选择能力提出了新的要求。因此，创新高校德育工作，必须注重大学生道德选择能力教育，适应新媒体环境下道德多元化的新形势，以提升大学生整体道德能力和水平。重点要加强新媒体环境下大学生道德价值教育。道德价值是人们做出道德选择的导向，道德选择教育要以道德价值教育为基础。在新媒体环境下，应以社会主义核心价值观引导个人的价值选择，还应根据时代和社会实际情况的变化，促进传统道德观念的现代化。

（三）新媒体时代高校德育的载体创新

新媒体从某种意义上说，是一个传播载体革命。创新高校德育工作，必须结合大学生的特点，充分发挥新的传播媒介的载体作用。

1.利用网络媒体开展大学生德育。要以创新高校大学生德育共享社区模式为总依托，发挥高校校园网络、专题论坛、微博、微信的德育功能。针对过去校园网络内容单一、吸引力不强等问题，高校校园网络建设应突显知识性与思想性、主流性与丰富性、疏导性与互动性、服务性与教育性的有机统一。可以在校园网络上广泛设立高质量的德育专题网站、论坛或频道，特别要发挥德育微博、微信的教育作用。微博、微信具有匿名性、交互性、平等性、即时性，是深受大学生欢迎的新媒体。已经有一些学校部门在尝试探索微博、微信的德育功能，高校应大力支持和组建专业团队，更好地发挥这些平台的作用。

2.利用手机媒体开展大学生德育。手机在大学生中已经基本普及。随着手机智能化的快速推进以及 3G、4G、5G 网络的运行，手机的功能远远超出了通话、短信的传统功能，成为推动新媒体发展的重要载体。除了一般新媒体的优势外，手机媒介还具有高度的移动性、便携性、互动性，集人际传播、群体传播、组织传播、大众传播于一体。所以，手机媒介是开展大学生道德教育的一个天然载体。一是可以通过建立手机短信等平台，对学生进行互动、平等的参与式道德教育。运用手机短信平台，教师与学生可以进行双向或多向的互动，而且可以根据学生的具体情况进行定向交流，有利于形成师生间平等的教育关系，提高教育的针对性和实际效果。二是可通过开发大学生德育手机报平台，对学生进行社会主义核心价值观教育。如何使社会主义核心价值观教育的内容入耳、入脑、入心，是大学生德育工作的重点和难点。开发形象化、具体化、数字化的德育内容，运用手机报的定向发送、无条件接收的特点，以润物细无声的方式，开展大学生道德教育，无疑会收到良好的效果。

（四）新媒体时代高校德育的途径创新

1.注重培养大学生的道德人格。新媒体环境的开放性使学生受到多元价值观的影响。

新媒体的虚拟性使得学生不用担心暴露自己的身份，外在约束性的降低使得学生面临更多的诱惑，对学生的道德自律提出了更高的要求。因此，个人如果没有较强的独立自主道德选择和判断能力，可能会在新媒体环境中迷失方向。因此，新媒体环境下迫切需要培养大学生的主体性道德人格，特别是培养大学生自主性、创造性和自律精神。自主性是主体性道德人格的显著特征。在新媒体时代，自主性主要表现为自主判断与自主选择能力。创造性是主体性道德人格的表现。新媒体环境使大学生遇到一些新的道德情境和道德关系，有时原有的规范不再能衡量和解决新问题，这就需要根据新的道德情境，创造新的道德规范。自律精神是主体性道德人格的重要内容。新媒体环境中人与人之间是匿名、虚拟的交往，以“慎独”为特征的道德自律显得尤为重要。

2.注重提升大学生的媒介素养。媒介素养是指人们在面对不同媒体中各种信息时所表现出的信息选择能力、质疑能力、理解能力、评估能力、创造和生产能力以及思辨反应能力。大学生媒介素养教育，即培养学生健康的媒介批评能力，使其能够运用媒介资源完善自我，积极参与社会发展的教育。从目前我国大学生媒介素养状况来看，有些学生的媒介行为处于失衡状态。如媒介接触状况有不良倾向，表现为网络接触过多，且局限于娱乐类、体育类信息及个性、时尚、趣味的内容；媒介道德规范认识模糊，自律意识不足；同时，高校对大学生的媒介素养教育存在目的不明确、内容不系统、形式单一化等问题。所以，必须把媒介素养教育，作为加强大学生德育工作的重点，提高大学生对传媒特点、功能的认识，对传播规律和大众传媒评判标准的认识，对大众传媒与政治、经济、社会和文化的关系的认识；指导大学生建设性地使用大众传媒帮助和促进自身的健康发展；教育大学生学习运用批评、建议等方式，通过对大众媒介的选择来对其施加影响，帮助和促进传媒提高质量、履行社会职责。为此，高校需要开设大学生媒介素养教育课程，编写大学生媒介素养教材，促进媒介素养教育融入大学的课程体系。

第七章　高校德育教育与学生创新能力的发展

创新是人类本质属性的最高表现，是创造奇迹的动力源泉。对一个民族和国家而言，创新是兴旺发达的不竭动力，是增强综合国力的决定性因素。本章主要围绕高校德育教育与学生的创新能力培养展开分析。

第一节　培养创新人才

从经济发展角度看，所谓创新人才，是指具有敏锐洞察经济走势、准确分析市场、善于创造、及时把握与合理应用新知识、科学决策与调度等能力的人才。在这种人才的能力结构要素中，智力因素占据着绝对重要的地位。或者说，知识时代的创新人才是智力型、理论型技术与管理人才，而非过去的体力型、经验型技术与管理人才。

从社会发展角度看，创新人才是指那些具备优良品质、突出才智、坚强意志，具有强烈的创新意识和创新精神，熟悉创新原理，掌握创新方法，在各种社会实践活动中能以自己的创造性思维和创造性劳动做出创造性成果的人。

创新人才有强烈的好奇心、求知欲和创造欲，博专结合的知识面，敏锐的创新意识，活跃的创新思维，坚强的创新能力，完整、独立的人格与创造个性，良好的沟通、协作能力，远大的追求，积极的人生态度，忘我的献身精神。大力培养创新人才，是进一步加强我国人才队伍建设、落实科教兴国和人才强国战略、确立我国在国际人才竞争中的比较优势、加快提高我国在国际上的综合竞争力的必然要求。

当今社会，“创新”是我们这个时代最活跃、被高频使用的主题词之一，并被看作一个民族进步的灵魂，一个国家兴旺发达的不竭动力；它决定着一切社会财富形成、存在和发展的未来走向。而在一个国家的人力资源中，创新人才则被看成最富活力和创造性的因素，是先进生产力和先进文化的代表，是国家综合国力的重要组成部分。能否培养和造就出一大批创新人才，特别是高科技创新人才，事关国家的发展和民族的前途命运。

一、创新人才培养的重要性

我们这个社会需要人才，更需要培养和造就创新人才。突出强调创新人才的培养，主要基于以下几方面的认识和考虑。

第一，创新人才培养是进一步加强我国人才队伍建设的必然要求。我国是一个人口大国，也可以说是人力资源大国，但不是一个人才资源大国。因此，培养和造就一支规模宏大、布局合理、素质优良的人才队伍，是我国在21世纪中叶基本实现社会主义现代化的必要人才基础。但从当前我国人才队伍建设整体水平来看，其与我国经济、社会的发展需要相比仍存在差距。总体来看，目前我国的人才队伍建设还存在人才质量不高，高层次人才缺乏，人才的创新意识、创新能力不强等问题。以人才的构成和布局为例，就存在“五多五少”的现象，就是初中级人才多，高层次人才少；继承型人才多，创新型人才少；传统学科、专业人才多，新兴学科、专业人才少；理论型人才多，实用型人才少；单一领域、行业、学科的人才多，跨领域、跨行业、跨学科的复合型人才少。现实表明，要想提高我国自主创新的能力、建设创新型国家，就必须以高层次创新型科技人才为重点，努力造就一批世界水平的科学家、科技领军人才、工程师和高水平创新团队，大量培养一线创新人才和青年科技人才，建设一支宏大的创新型科技人才队伍，以此推进我国经济、社会的可持续发展。

第二，创新人才培养是落实我国科教兴国和人才强国战略的必然要求。20世纪90年代中期，我国提出了科教兴国战略。从一定意义上讲，科教兴国战略实际上就是人才兴国战略。进入21世纪，我国抓住经济、社会发展的重要战略机遇期，又适时提出了人才强国战略。科教兴国和人才强国现已成为推进我国经济、社会加速发展的两大基本战略。

第三，创新人才培养是确立我国在国际人才竞争中的比较优势，加快提高我国在国际上的综合竞争力的必然要求。国际竞争力是一个国家所拥有的生存和发展的各种力量与条件的总和。其强弱程度反映了一个国家的实力水平、发展现状，与应对和处理国际国内复杂问题的能力。它决定了一个国家在国际上的地位和影响，以及对人类文明进步所起作用的大小。

20世纪60年代以来，日新月异的科技进步使得知识的更新加快，产品的换代升级周期越来越短，由此导致社会对不同类型人才的旺盛需求，而且人才层次要求越来越高。进入21世纪，日益显现的人才短缺的矛盾，使得许多跨国公司加紧实施其人才本土化战略，从而进一步加剧了国际上对高层次人才的零距离竞争及高层次人才在国际上的快速流动，国际人才的竞争因此变得更加激烈。

高科技在促进经济、社会发展中日益凸显的地位和作用，使得科技创新能力上升为一个国家是否具有国际竞争力的决定性因素。可以预见，在未来激烈的国际竞争中，那些科技落后、缺乏自主创新能力的国家最终会失去优势和发展机遇。在这种情势下，我们只能积极应对，主动参与。为此，我们在千方百计引进人才、留住人才的同时，更要加快高层次创新人才培养的步伐。

二、创新人才培养的必要性

当今世界处于一个不断变动的时代，与时俱进的时代本色急需我们立足国情、体现时代性、把握时代的发展规律，在顺应潮流的同时，解决国家发展所面临的阶段性矛盾，增强国家的综合能力，提高国家的文化软实力，加速人才自由而全面的发展进程。在谋和平、求发展、促合作日益成为世界范围内的共同理念时，培养创新人才便置于一国教育发展的重中之重。从某种程度上来说，创新人才的培养关系到一国未来的可持续发展程度，事关一国在国际上的整体竞争力。

1.宏观层面上看，是国际竞争与创新型国家发展模式的必然要求。

从国际环境来看，当前国与国之间的竞争已不再局限于以往的政治、经济、文化领域，而是日益延伸、扩展到科学技术与人才领域。哪个国家能够培养出较多的社会所需要的创新人才，那么这个国家则容易立于世界民族之林；反之，则会因缺乏活力和创造力而陷于被动、落后挨打的境地。现阶段，科学技术是第一生产力，人才资源正成为最重要的资源。较之过去的农业经济、工业经济，如今世界各国处于机遇与挑战、利益与风险并存的知识经济时代。在这种经济形态的影响下，知识将取代资本、劳动力而成为生产要素的主导力量，知识创新及其创造性应用将成为人类进步、社会发展的不竭动力。究其根源与本质，人才，特别是创新型人才的规模与质量，将成为衡量国家综合国力大小与可持续发展程度的核心元素。面对知识经济以及经济全球化、信息网络化的大环境，我们唯有顺应时代潮流、与时俱进，源源不断地培养出大批杰出人才，方能增强经济发展的后劲，赢得国际竞争的主动权。建设创新型国家作为促进国民经济又好又快发展的首要之义，“这是国家发展战略的核心，是提高综合国力的关键；要坚持走中国特色自主创新道路，把增强自主创新能力贯彻到现代化建设各个方面”，以进一步提高我国经济的整体素质，彰显社会主义市场经济的强大生机和活力。

从国内发展来看，创新人才的培养，不仅是建设创新型国家的基础，而且关系到中华民族的兴衰荣辱。从某种程度上来说，建设创新型国家的过程，就是开发创新人才、形成创新团队、转化创新成果的过程。着眼于实际，虽然近些年来我国的科技投入大幅度增加，人民的创新意识日益增强，国家的综合实力显著提高，但同时我们也必须注意到，我国经济增长的基础尚不稳固，自主创新人才的培养形势依然严峻，政治建设、文化建设、社会建设方面的创新含量仍有待于进一步加强。

2.微观层面上看，是多元文化背景下个人提升内在素质、实现全面发展的强烈愿望。

改革开放以后，我国社会生活开始由传统转向现代，发展模式由计划经济体制转向市场经济体制，并逐步形成了以公有制为主体、多种所有制经济共同发展的基本经济制度和以按劳分配为主体、多种分配方式并存的分配制度。伴随着经济体制的深刻变革、社会结构的深刻变动、利益格局的深刻调整、思想观念的深刻变化，社会生活领域出现了“四个多样化”的局面，即经济成分和经济利益多样化、社会生活方式多样化、社会组织形式多样化、就业岗位和就业方式多样化。与此同时，人们思想活动的独立性、选择性、多变性、差异性明显增强。多样化的社会思潮使得广大青年学生不再满足于以往“被动型”“听话型”的角色，而更加青睐于自己的主体地位，热衷于自我追寻、不断创新。对广大青年学生而言，创新不单单是个人才能的一种展现形式，更为重要的是，它代表了一种满足、一种享受、一种需要。换句话说，创新正逐渐成为青年学生不懈奋斗的目标与境界。

整体来讲，在开放环境下成长起来的青年学生是充满朝气、富有活力的一代，他们中的绝大多数思维开阔，信息面广，敢于追求，善于开拓。

在校园生活中，广大青年学生积极参加兴趣小组、社团活动、科技竞争、实践考察等；在社会中，他们能够调整自我，迅速实现角色转换，提高自身的适应能力。渴望创新、追求创新的强烈需要，推动着他们不断成长成才。然而，青年学生生活环境的差异性、知识水平的层次性、价值取向的易变性、心理特征的不稳定性以及人生阅历的欠缺性，决定了创新人才的培养并非一日之功，其目标的顺利实现除了需要智育、体育、美育的协同作用，还必须依赖于德育的全面参与。德育的渗透性、激励性、指导性、超越性、包容性能启发学生的求知欲，开阔学生的心灵视野，调动学生的创新精神，培养学生的创新能力。在德育的浇灌下，广大青年学生的思想政治素质、道德素质、心理素质以及创新素质等会在量的积累上逐渐产生质的飞跃，简言之，德育引领创新人才，必将为国家的繁荣、民族的振兴、教育的发展、个人的成功增添不可估量的筹码，它的发展空间也必将随着历史的演变而不断更新，向前推移。

三、“三位一体”的创新人才培养

（一）创新型人才培养中“三位”的影响因素

1. 管理者因素

在教育体系中，管理者一直是被忽视的因素，但是管理者的影响又是最大的，他们在一定程度上决定了教师的教学方式和学生的学习积极性，也可以说，管理者是创新型人才培养中至关重要的一环。管理者主要负责解决课程设置、师生课堂互动、教师对创新教学综合知识的掌握、教师知识结构、教师开发课堂资源能力等问题。目前高校的专业课程设置仍多以专业课为主，激发学生个性、培养学生实践动手能力的选修课或者实践课开设较少，课程设置还达不到创新型人才培养的要求，课程改革需要进一步加大深度。因此，可构建公共课、专业课和选修课“三位一体”的人才培养课程体系，融入更多新鲜元素，以利于学生联系相关课程，形成学科之间的网状联系、知识的合力，从而锻炼学生的创新性思维，实现整体与个体、专业性与通识性等的统筹兼顾与协调发展。

扎实的专业理论是创新型人才进行思维创新与开展创造性活动的基础。然而，如今的课堂教授专业知识的课时太少，并不足以让学生深入理解专业知识，也就更谈不上创新了。

2. 教师因素

教师是培养创新型人才的中坚力量，也是决定性因素，教师的能力甚至可能直接决定学生的能力。教师在教学中的能力主要包括教学实践的创新能力、教学组织的多样性能力、教学方法的创新性能力、教学规划的创新性能力、课堂气氛调节能力、调动学生参与课堂讨论的能力等。因此，创新型人才培养就要求教师在教学实践中不断革新和完善原有教学模式、教学方法，不断采取措施吸收、掌握先进的教学方法，完善教学方案规划。培养和引进注重培养学生思考意识的教师人才，目的是为培养学生创新能力夯实基础。

就目前教学课堂现状来看，教师的教学模式大多仍停留在传统灌输式教学上，授课方式仍以教材理论为重，实践性教学、讨论式教学和启发式教学环节较为薄弱，无法全面培养学生的主动性、调动学生的学习积极性以及培养学生动手操作的能力，距离兼顾全体学生个性发展的因材施教还有一定的差距。教学模式僵化是被学生反复反馈的一个问题，在教学方法因素的评价中，调节课堂气氛的能力、激发学生的学习兴趣和调动学生学习的积极性、提高师生教学互动频率这三项指标在学生看来是最重要的。虽然几乎所有高校都已实现多媒体教学，但多媒体也只是为教师提供了教学模式固化的通道，很多教师的课件使用多年，甚至对不同专业的学生也使用同一课件，完全没有考虑不同专业学生的差异性。教学方法基本上保持着面对面上大课的低效率的特点，整个教学过程灵活性、针对性和实用性不强，达不到培养学生分析问题的逻辑探索能力和实际操作能力的目标。因此，要注重培养教师创新教学的引导能力、开发创新课堂资源的能力，增强教师与学生的互动创新能力，全面调动学生的课堂参与积极性。

3. 学生因素

学生是创新型人才培养的主体，种种手段、方法最后都要在学生身上见成效，而学生的主观能动性与创新型人才的培养相关。与学生有关的影响因素主要包括上课到课率、上课积极性、知识接受能力、实践动手能力、协作交流的参与性、自我监控和自主学习的能力。

（二）构建“三位一体”的创新型人才培养机制

基于创新型人才培养的影响因素，在创新型人才培养的教学中要加深教师和学生的通力合作，以教师为主导地位创造性地教，同时学生应当充分发挥学习的主观能动性，创造性地学。创造性地教，要求教师在思想上将学生当作平等的知识接受体，而不是下一个层级的知识传递方，在教授知识的过程中，促进学生加强与同学的交流，使学生能积极主动地获得知识、提高能力，并进一步得到教学反馈，从而不断完善自己的教学内容和教学方法。具体而言，创造性地学，要求学生有明确的学习目的，不局限于课堂学习的进步，而更应该着眼于将来的就业和社会关系，掌握课本知识只是最为浅显的一环，更为重要的是学会怎样学习以及怎样将知识融会贯通。学习的过程是艰辛的，学生能学到的知识是无穷尽的，要想拥有真才实学，就要有自强不息的拼搏精神。因此，创新型人才培养不是一蹴而就的过程，为保障其针对性与实效性，在加大课程改革深度的同时，也要及时做好反馈、教学方法与教学规划的修正与调整工作，这就需要学校必须为创新型人才培养建立课堂教学长效保障体系。本书构建了由管理者的督导机制、教师自我评价机制和学生反馈机制组成的“三位一体”的保障机制，以确保高校创新型人才培养目的的实现。

1. 管理者的督导机制

不同于教师和学生的角度，管理者的意见会更专业，因为他们是站在学校乃至国家的角度的，他们认为合适、多元的教学方法，能够激发学生的学习兴趣，从而使学生发挥自己的才能，因此，管理者的督导机制显得尤其重要。

首先，学校须聘请具备丰富的创新型教学经验的教师，建立校、院（系）教学督导委员会，校、院（系）教学督导委员会应做好学生能力、兴趣等方面情况的调研工作，进而与学校管理者协商、安排相关课程的开设，在此过程中应注意必修课与选修课、理论课与实践课等关系的协调，既要考虑到学生的理论知识接受能力，也要注重培养学生的动手操作能力。

其次，学校或院（系）也要积极鼓励教师开展创新型课堂教学，加大资金支撑力度，激励教师完善自身的创新教学能力，进行创新型课堂教学改革。

最后，校、院（系）教学督导委员会要及时做好课堂教学的评价与反馈工作，关注教师的课堂教学是否重视学生创新能力的提升。

此外，学校可依托与其他高校之间相互交流、学习等相关教研活动的开展，发挥同行间的评价与监督作用，形式上包括随机和公开授课或教学交流会等，通过引入竞争激励机制，鼓励教师拓展与更新知识，提高素质，增长经验和不断创新；也可成立校内外的信息反馈网络平台，从而做好教学方法、内容授课形式等的创新性调整。

2. 教师自我评价机制

我国传统的教育模式是以知识传授为主的接受式教育模式，长期以来关注的重点在于学科成绩，而忽略了学生综合素质的培养，尤其是对于创新培养的引导作用。而创新型教学是以传统教育为基石，以发展为目的，以价值取向培养为根本的新型教育模式。创新型教育与传统型教育在教育理念上存在比较明显的差别，创新型人才的培养更为注重学生综合素质的培养，而教师在这一环节的作用就很明显了。教师是课堂教学活动贯穿始终的参与者，因此，教师自我评价机制是及时改善教学模式、修正教学方案和调整教学内容等环节的重要保障。

为保障创新型人才培养目标的顺利完成，教师应该转变以往固化的教学模式，调整教学方案，改变传统“赶进度”和“满堂灌”的教学模式，课堂上应注重与学生的沟通交流，以及学生之间的探讨学习，打造师生间的平等双向课堂，兼顾全体学生的课堂感受，掌握调节课堂气氛、调动学生积极性的教学技巧，合理布置课后作业，也要避免教材内容的重复，考查可以留一些综合性角度、多思维的创新型作业，既加强学生对知识点的巩固掌握，又利于学生创新思维的养成和处理实际问题时举一反三能力的锻炼。教师对于课后作业的答疑也要提高重视度，可通过小组讨论的形式进行讲解，从而方便在课堂教学过程中因材施教，激发学生的积极参与性与主观创新能力，这是提高整体教学质量的关键环节。

3. 学生反馈机制

在实际教学过程中，作为受教对象的学生是课堂教学效果的直接感受者，课堂教学的质量是由教学对象来衡量的，要培养创新型人才就不能忽视学生的意见和感受。说到底，学生才是这一保障机制的最终环节，学生比较注重的是教师的教学方法和教学过程，而实践教学的改善可以提高学生的创新能力和开放式思维能力，这些就要通过学生反馈机制来实现。

因此，可通过不记名问卷、随机抽查等形式掌握创新型人才的培养情况。这种手段，一方面，能促使教师提升自身的创新型教学能力；另一方面，有利于把握学生的整体情况，这有利于对学生的个性化培养，有利于做到因材施教、兼顾整体。教师除了应在课堂教学中关注学生的感受外，也要督促学生重视自己潜能的培养与发掘，使其积极主动参加院（系）的实践活动和学术交流，比如知识讲座，既要强化学生的理论知识，也要注重锻炼其自身处理实际问题的能力，增强学生学习的自觉性。此外，还要完善学校评教系统的相关设置，方便学生及时、具体、全面地反馈课堂教学状况和效果。

第二节　学生创新能力及其与德育教育的关系

一、创新能力及其表现

创新能力是指人们在实践中表现出的独创能力，即能够发现问题、解决问题、开创新局面的能力。创新是一个民族进步的灵魂，是社会发展的不竭动力。创新型人才必须具备以下几个方面的基本素质。

1. 创新精神

当今时代科学技术突飞猛进，已成为推动社会发展的最活跃的因素。目前我们面临着世界各国经济飞速发展的压力，倘若们不奋起直追、不主动进取、不突破陈规，就会陷于被动。

2. 团队精神

人类社会自从进入工业时代以来，分工精细，一个产品问世，需要很多人的劳动。创新人才的成长与作用的发挥，同样离不开集体与组织的支持。在激烈的社会变革中，必须摆正与他人、与社会的关系。知识经济同样呼唤人与人之间的真诚合作，在现代科学技术条件下，单枪匹马、孤军奋战很难有所作为。

3. 心理素质

创造性的事业总是和崇高的目标联系在一起的，有了崇高的目标才能有强烈的事业心、求知欲，也才能有坚韧不拔、百折不挠的精神。创新是个不断克服艰难险阻的过程，需要健康的心态，并能做到在逆境中崛起。任何创新都不是一帆风顺的，总要经过多次失败才能成功，这是一个漫长的过程，要有锲而不舍、发奋成才的献身精神，要有坚韧不拔、勇往直前的勇气和毅力，这是一个人具有创新能力的重要表现。

二、影响学生创新能力培养的三方面因素

"创新是一个国家和民族保持进步的不竭源泉，是国家兴旺民族振兴的不竭动力。只有积极开展创新教育，不断培养社会主义的创新人才，全方位塑造中华民族的创新精神和创新意识。"[①] 创新是一个民族进步的灵魂，是国家兴旺发达的不竭动力。以培养高层次人才为己任的高等学校要培养学生在校期间就具备主动学习的精神与创造性学习的能力，更重要的是，要使学生走出校门后成为富有创造精神的建设者。然而，我们无论在教学内容，还是在教学方法、考评机制等许多方面与上述要求存在较大差距，是现在及今后相当长的一段时期内我国高校教育改革的重点之一。下面试从课堂内容、教学方式、评价机制三个方面分析影响学生创新能力培养的问题。

（一）课堂内容的"窄"与"旧"

在知识经济时代，如何使课堂内容以最简洁的容量涵盖最丰富的知识，是我们必须重视的问题。

我们现在的课堂内容中存在明显的"窄"与"旧"。

首先，课堂内容太窄。学生进入某专业学习，基本上是一次志愿定终身，一条路走到底。这种狭窄的专业课堂体系带来两个问题。一是学生于本专业之外很少了解其他相关专业的发展情况，学会计的不懂统计，学建筑的不懂土木，学中文的不懂历史，真可谓"隔行如隔山"。虽然，这几年一直在提倡"宽口径、厚基础"，但由于受课时、师资及其他资源的限制，其结果与社会需要的具有广博专业背景的专门人才的要求还有很大差距。二是对完成培养目标不利。无论是经管类，还是理工类的大学生不是仅具有专业知识就够了，就是人才了。我们的学生首先应具备高度的社会责任感与高尚的道德修养，只有在这个前提下，专业知识才能真正发挥作用。这就需要加强人文素质教育，而我们这方面的课程很少，要求也很低。在国外，无论是哈佛大学、耶鲁大学这样的综合性大学，还是麻省理工学院这样的专科性院校，都非常注重学生的人文素养，注重科学教育与人文教育的融合，

① 金鑫. 高校创新教育与德育教育的契合探讨[J]. 科技创业月刊，2019，32（01）：92.

以培养真正的创新人才。著名科学家钱学森认为，创造性思维往往在不同学科知识和思维方式的交叉渗透中产生。他在获得“国家杰出贡献科学家”称号的授奖仪式上，特别提到他夫人从事的音乐事业对他的影响，他说：“正是她给我介绍了这些音乐艺术，这些艺术中所包括的诗情画意和对于人生的深刻理解，使得我丰富了对世界的认识，学会了艺术的广阔的思维方法。或者说，正因为我受到了些艺术方面的熏陶，所以我才能够避免死心眼，避免机械唯物论，想问题能够更宽一些、活一点。”

其次，课堂内容太旧。21 世纪以来，科学的发展日新月异，某些学科被淘汰，新的学科又在产生，而我们的课程体系却难以跟上这种变化，课程内容与时代发展严重脱节。一边 CAD 已经发展到了很高的层次且在逐渐普及，一边为了图纸上线偏了 1mm，线宽不够 0.6mm 而扣分；一边我国正在建设社会主义市场经济，现实给我们提出了许多新的课题，一边“劳动价值论”“剩余价值论”还按原来的那样教、那样考。这是对时间与智慧的一种低效消耗，这怎能充分把握学科前沿并创造新的研究领域呢？

课堂内容的旧还表现在教学内容的重复上，有些早在中学阶段已学过的内容到大学阶段还在学，有的虽名称不一样、要求不一样，但重复部分依然很多，如“中国革命史”等；某些专业的课程间交集太大，如果不进行协调，一个知识点往往会有许多教师重复讲解，如“最小二乘法”原理，除数学课外，统计学、会计学、管理学等都要重复一遍。联合国教科文组织有个统计，一本书当它的信息量不超过 16% 时，便是废书。在世界各国抽查各类书籍信息含量最低的三个国家是朝鲜、越南、中国。如果我们大学的教学内容也是大量的重复信息，学生的创新能力又从何谈起呢？

要改变这种现状，笔者认为可从以下两个方面着手。

首先，扩大基础课内容。一是让相近专业学生尽可能学习更广泛的专业基础课程；二是让不同专业的学生学习更广泛的文化基础课程，大量开设文、史、哲等类选修课程，以激发学生对知识的追求，更重要的是，通过广博的基础课学习可以培养一种真正的科学精神与人文精神。曾任耶鲁大学校长的小贝诺 · 施密德特在 1987 年的迎新讲话中明确指出：“我们热爱知识，认为它本身有价值；我们信奉自由的学术空气，认为它是追求真理的基础；此外，我们还具备第三种基本价值观，它赋予耶鲁大学牢固的集体主义观念及知识连续性的传统。我们相信由我们的文化精华产生的智力能够帮助我们达到秩序井然，包罗万象及大彻大悟的境界。”这是耶鲁大学的科学精神与人文精神，也应是我们可以借鉴的培养目标。

其次，淘汰陈旧的教材，紧抓专业前沿，把最新的知识交给学生。这样做的理由：一是高速发展的学科前沿可以培养学生对科学的崇敬感，并因此激发学生主动学习的兴趣；二是具有良好基础知识的大学生在一定条件下已有较强的自学能力，只要提出合理的目标，学生完全可以自己完成，这种自学能力无疑是对主动性的一种培养，也有利于创新性地挖掘新领域。总之，强化基础，把握前沿，这是与当前科技发展、社会发展相适应的教学内容设置原则，也是与学生需要相适应的，是学生所乐于接受的。

（二）教学方式的“简”与“繁”

在教学方式上，也存在制约学生创造性培养的一些问题。从横向看，教学方法过于简单，理工文经管等采取基本相同的教学方式，简单课堂灌输，缺乏引导，缺乏与专业特点相适应的教学方式正在进行的改革也是形式多于内容，许多教师的所谓多媒体教学，只是把黑板变成屏幕而已，没有把多媒体教学的真正优势发挥出来。从纵向看，教学方式过于烦琐。期中考、期末考不但科目多，而且以闭卷考为主，还有作业点名、抽查笔记等等。这些程序化及形式上规范化的做法往往会对培养学生的创造性思维造成不利影响。

其实大家公认的好老师上课都有一些共同特点：循循善诱，思路清晰简洁，没有繁琐的要求，注重能力培养，等等。这些教师以自己的言传身教折服了学生，没有点名，没有大小考，甚至期末考试都开卷，但学生们很少有缺课的，知识也掌握得较为灵活。这里的教师不是有着“生死予夺”权力的审判官，而是和蔼亲切的同道先行者。这种“导师制”的教学氛围是值得推广的。

导师制是国外很多著名大学实行的教学方式，每个学生入学后，校方都为其指定固定的导师，由导师负责这名学生的专业发展，学生在每周或每月向导师提供一份近期学习心得，对一些重要问题，学生与导师交换意见。我们目前的师资力量还不能达到这样的要求，但最起码可以象征性地设一些导师，一个班级配一名导师，专门负责班级学生专业水平的发展同时，要求专业任课教师在讲授课程时，担任这门课程的“导师”，而不仅是“教师”。“导”与“教”的不同即在于前者是主动性的学习，后者是被动性的接受，而前者无疑更有利于创新能力的培养。

（三）考评制度的“偏”与“粗”

学校对学生的评价主要通过综合测评来进行，其中考试成绩是主要因素。但考试不能完全反映学生对知识真正的掌握水平。许多教师只考讲过和平时作业做过的有限内容，这就使得许多仅抄笔记并就限于学习这点内容的学生得到高分；相反，一些广泛阅读相关书籍，并进行独立思考的学生却不一定能获得高分。

考题的科学性和先进性也值得引起重视。有许多教师为了图方便，几年来考题一直不做调整，而且记忆性的题目多，思考性的题目少。更有甚者，为了评卷方便，擅自取消论述题或一些没有固定答案的题目，这对那些有独到见解但背功不佳的学生是个打击。另外，考前普遍存在的所谓“重点”复习，鼓励了死记硬背，对功夫下在平时并积极思考的学生也是个打击。

要改变这种现状，笔者以为关键是要提高考试的客观性。考题由主讲教师出完后交教研室同行集体讨论定稿，最后按类型和难度等级形成试题库（不是试卷库），并根据学科发展情况，每半年调整一次（个人无权调整），考试时由教务管理员从中随机抽取不同类型和难度级的题目组成试卷。抽题越随机，考试越客观。对学生创新思维能力的考核，一方面通过改进考题来解决；另一方面可通过写论文、从事创造发明、社会实践等活动来弥补。后者可认同为开卷考试，有条件的班级还可尝试面试。

创新能力是一个人、一个民族发展的关键因素。当代大学生在新的世纪面临着更加开放和激烈的竞争，科学技术日新月异的发展和我国对外交流的日益广泛，要求他们不断更新自己的知识。这对我们的大学教育提出了更高的要求，而创新能力的培养无疑是这些要求中的重中之重。

三、德育与培养创新能力的关系

创新人才的内涵既包括对人才知识能力方面的要求，也包括对人才思想，即思想道德建设方面的要求，而且后者对创新人才培养起着非常重要的作用。

首先，道德教育所培养的坚定的信念是创造的原动力。创新是做前人没有做过的工作，创新者必须对自己的观点和决定具有坚定的信心。而且在创造性的工作过程中还会遇到很多不可预测的风险，这就更需要坚定的信念。而道德建设的灵魂就是思想道德建设，形成坚定的理想信念，树立为社会主义事业奋斗的崇高目标。

其次，道德教育所培养的强烈的创新欲望有赖于在长期的德育过程中培养。积极进取和勇于开拓的精神以及强烈的创造欲望等是发现问题、解决问题的前提。创新者的重要品质在于时刻关注技术进步，汲取新的技术思想。他们不是安于现状、墨守成规，而是积极投身到改造社会、改造自然的创造中去。他们是不甘落后、充满激情的进取者。高校德育就是要在思想观念上培养学生敢于超越、突破的能力，培养学生进取、开拓的精神。

最后，道德教育所培养的百折不挠的意志品质是创造者取得成功的重要因素。创造是克服阻力、战胜挫折的过程。没有坚强的意志品质，创造就会变成一句空话。德育教育把培养学生坚强的意志品质、大无畏的献身精神作为大学生成才的基本功底，教育学生要有一不怕苦、二不怕死的拼劲，要有连续作战、勇往直前、一干到底的狠劲，有了这两股劲，什么困难能克服，什么人间奇迹都能创造出来。

第三节　高校德育教育中学生创新能力的培养策略

一、增强大学生的创新意识

高校要注重培养大学生的创新意识，从而提高大学生的创新能力。在高校德育教育工作中，有些学生往往由于这样或那样的原因不满足于现状，但是他们所做的往往只是牢骚满腹、怨天尤人，却没有认识到创新意识、创新能力的培养与他们成才之间的关系，没有直面现实是阻碍大学生创新意识形成的重要因素。因此，高校德育工作者有义务引导学生树立正确的人生方向，在这个基础上培养他们的创新意识、创新热情，提高他们的创新能力。

二、提高大学生的创新动手能力

要提高大学生的创新动手能力，从而提高大学生的创新能力。创新动手能力又指大学生的实际动手操作能力，德育工作者应当在逐步培养大学生创新意识的基础上，积极鼓励大学生将学到的理论与实践相结合。表面上看，这或许与高校德育教育关系不大，但如果在高校中将其作为高校教育与教学衔接的重要环节，则意义重大。如果高校能够提供机会，使学生参与到学校的日常管理工作、教师的科研课题中，甚至是学生自拟题目、学校选派教师指导的小型创新活动中，那么对于大学生而言，就能够极大地提高他们的学习兴趣和积极性，培养他们的责任心和创新意识，从而提高他们的创新能力。这样不仅能够增强大学生的学风建设，提高他们学习科学文化知识的积极性，而且能够为他们提供一个利于发展个人创新能力的平台，使他们在自我知识结构提升的同时，提高责任心，增强责任感，加强集体意识，从而达到德育教育的效果。正所谓以德促学、学德相辅，开拓创新，迎接挑战。

三、加强精神文明建设

加强精神文明建设，开拓创新性的德育教育。在高校的德育工作中，完善德育体系，拓宽教育渠道，成为新时期德育工作改革的重要内容，高校德育工作的重点又是围绕加强精神文明建设这个中心的。在教育资源如此丰富的时代，精神文明建设的渠道无疑也是相当广泛的。尤其在多媒体技术、网络资源发达的今天，高校的德育工作不能再仅仅把眼光放在书本与课堂的教学上，而应该拓展教育场所。比如，利用网络化、基地化等形式的教育资源，将高校的德育工作与广泛的教育资源结合起来，开展丰富多彩的德育教育活动，全面提高大学生的思想道德素质，达到加强精神文明建设的目的。

德育教育活动能够拓宽学生的知识面，用先进的教学手段吸引大学生主动参与到学校的教学工作中来，引导他们学会主动学习，养成发现问题、思考问题的习惯，提高他们创造性地解决问题的能力。

四、加强校园文化建设

加强校园文化建设，促进高校德育工作的开展，以利于创新型人才的培养。高校德育工作的另一个工作重点在于加强校园文化建设。校园文化建设始终要坚持弘扬主旋律，以提高大学生的思想道德素养为主要目的。校园文化建设应当坚持以科学的理论为指导，以爱国主义教育为核心，增强关于民族自信心和民族自豪感的教育。例如，通过征文、演讲比赛、社会调查、专题讲座、社会考察等多种学习方式，广泛开展爱国主义、集体主义和社会主义的思想教育。增强大学生的集体主义观念，倡导和培养大学生的集体合作意识和创新精神。

除此以外，高校德育工作还可以以学校精神和校园文化为内容，进行校园文化建设，从而增强学校的向心力和凝聚力。例如，围绕学校的中心工作，设立校园网络论坛等，使大学生在讨论中明确学校的精神内涵和优良传统。另外，新时期高校德育工作中的校园文化建设不再局限于以往的传统形式，而是在新的社会环境下更注重学生动手能力、实践能力、适应能力和创新能力的培养，其根本目的是使大学生更快地适应社会、服务社会。

参考文献

[1] 房淑杰，冯中鹏 . 德育 [M] . 银川：阳光出版社，2018.

[2] 赵玉英，张典兵 . 德育原理 [M] . 济南：山东人民出版社，2008.

[3] 易连云 . 德育原理 [M] . 武汉：武汉大学出版社，2010.

[4] 吴俊升 . 德育原理 [M] . 福州：福建教育出版社，2011.

[5] 孙峰，龙宝新 . 德育原理 [M] . 西安：陕西师范大学出版总社，2020.

[6]蒋笃运，张国臣，郑永红，等 . 高校德育新论[M].郑州：河南医科大学出版社，1997.

[7] 陈中建 . 高校德育系统工程研究 [M] . 南京：南京师范大学出版社，2015.

[8] 李刁 . "互联网 +" 时代高校德育实践创新研究 [M] . 武汉：华中师范大学出版社，2019.

[9] 曲华君，罗顺绸，钟晴伟 . 德育教育与创新能力发展 [M] . 北京：中国财富出版社，2019.

[10] 郑益生，杨纪武 . 高校德育研究 [M] . 昆明：云南科技出版社，2009.

[11] 钟瑞添，阳国亮 . 高校德育体系论 [M] . 桂林：广西师范大学出版社，2006.

[12] 杜琳琳 . 新媒体时代大学生德育教育研究 [M] . 成都：电子科技大学出版社，2017.

[13] 刘丽波 . 新时期高校德育教育创新发展研究 [M] . 石家庄：河北人民出版社，2018.

[14] 杜时忠 . 德育研究 [M] . 福州：福建教育出版社，2019.

[15] 刘忠孝，陈桂芝，刘金莹 . 高校德育论 [M] . 哈尔滨：黑龙江人民出版社，2019.

[16]任少波等 . 高校德育体系新认知：共同体的实践[M].杭州：浙江大学出版社，2019.

[17] 陈玲玲 . 创新型高校德育环境优化刍议 [J] . 文史博览·理论，2010，(1) .

[18] 张敏玲 . 德育课对学生创新能力的培养 [J] . 教育与职业，2003，(13) .

[19] 李香善 . 高校德育环境的优化 [J] . 教育理论与实践，2014，(3) .

[20] 田建国 . 高校德育环境与对象、内容、理念 [J] . 中国高教研究，2004，(11) .

[21] 杨丽萍 . 高校网络德育创新及路径选择 [J] . 广西大学学报（自然科学版），2006，(4) .

[22] 邢亚希 . 高校网络德育研究 [D] . 保定：河北大学，2015.

[23] 蔡丽华 . 网络德育研究 [D] . 长春：吉林大学，2005.

[24] 向玉贞 .关于高校德育工作改革的思考和探索 [J] .山东省青年管理干部学院学报，2007，(4) .

[25] 张玉成，张富良 .加强高校德育载体建设的新思考 [J] .辽宁教育研究，2003，(7) .

[26] 刘业英 .论高校德育的本质及其地位 [J] .山东省工会管理干部学院学报，2000，(1) .

[27] 周纯 .论新媒体时代高校德育的创新维度 [J] .学校党建与思想教育,2014,(22) .

[28] 郑永萍 .浅议德育价值与高校德育功能 [J] .攀登，2007，(1) .

[29] 何裕宁，杨柳青，艾玉庭 .谈新形势下高校德育创新 [J] .山东省青年管理干部学院学报，2004，(6) .

[30] 徐晓冰 .我国高校德育工作创新之路 [J] .山东省青年管理干部学院学报，2004，(5) .

[31] 刘阳，陈韵 .新媒体背景下高校德育工作路径创新研究 [J] .产业与科技论坛，2022，(6) .

[32] 赵亮 .新媒体环境下高校德育创新研究 [J] .新教育时代电子杂志 (教师版)，2016，(32) .

[33] 吕奇 .新时期高校德育载体的主要类型分析 [J] .长春教育学院学报,2012,(12) .

[34] 徐云庆 .影响学生创新能力培养的三方面因素 [J] .嘉兴学院学报,2002,(A1) .

[35]仇曼莉 .论当代高校德育环境的优化 [J].现代交际，2016 (14)：162.

[36]刘阳 .新时代高校德育建设的创新研究 [J].智库时代，2020 (13)：206.

[37]王佳琪 .新时代高校德育教育创新发展的价值与路径研究 [J].中国军转民，2023 (04)：75.

[38]苏建福 .网络环境下高校德育教育的开展实践 [J].管理观察，2015 (15)：141.

[39]都芳，张梦婷，汪峰等 .高校德育教育与网络心理健康教育协同共进机制研究 [J].科技风，2018 (01)：29.

[40]曾舒珩 .新媒体背景下高校德育环境面临的挑战及其应对措施 [J].西部素质教育，2023，9 (12)：40.

[41]孔令先 .新媒体视域下高校大学生德育教育实施路径研究 [J].中国多媒体与网络教学学报 (上旬刊)，2022 (12)：102.

[42]金鑫 .高校创新教育与德育教育的契合探讨 [J].科技创业月刊，2019，32 (01)：92.

[43]袁鹤平 .高校德育教育新论 [J].中国成人教育，2007 (19)：22-23.

[43]杨信超 .谈素质教育 [J].科教导刊，2011 (14)：30，41.

[44]余淑华 .浅谈德育教育 [J].中国校外教育 (基教版)，2012 (1)：29.

[45]丁英凤，王嵘 .高校德育教育与图书馆的德育教育功能 [J].广东工业大学学报 (社会科学版)，2003，3 (1)：86-88.

[46]蔡恭亦，段惠婧 .女子院校校园物质文化建设初探 [J].大学教育科学,2009,3(3):

40-42.

[47]孙英琨.高校校园精神文化建设探微[J].学校党建与思想教育(高教版),2015(11):86-87, 96.

[48]王英权.新形势下加强高校德育队伍建设的探索与思考[J].现代交际, 2014 (9):251-251.